MONIQUE DEHEINZELIN
Doutora em Educação pela Universidade de São Paulo (USP).
Pesquisadora, escritora e editora, dedica-se à Educação Infantil.

PRISCILA MONTEIRO
Mestre em Educação Matemática pela Pontifícia Universidade Católica (PUC–SP).
Assessora pedagógica de escolas particulares e de redes públicas de ensino.

ANA FLÁVIA CASTANHO
Mestre em Psicologia Escolar e do Desenvolvimento Humano pela Universidade de São Paulo (USP).
Assessora pedagógica de escolas particulares e de redes públicas de ensino.

BRINCAR COM A CRIANÇA

MANUAL DO PROFESSOR

PRÉ-ESCOLA I | VOLUME II | EDUCAÇÃO INFANTIL

CRIANÇAS PEQUENAS DE **5 ANOS**

autêntica   1ª EDIÇÃO   BELO HORIZONTE | 2023

Copyright © 2023 Monique Deheinzelin, Priscila Monteiro, Ana Flávia Castanho

Todos os direitos reservados pela Autêntica Editora Ltda. Nenhuma parte desta publicação poderá ser reproduzida, seja por meios mecânicos, eletrônicos, seja via cópia xerográfica, sem a autorização prévia da Editora.

EDITORAS RESPONSÁVEIS
Rafaela Lamas
Rejane Dias

PESQUISA ICONOGRÁFICA
Ludymilla Duarte

REVISÃO
Cecília Martins
Mariana Faria

CAPA E PROJETO GRÁFICO
Diogo Droschi

DIAGRAMAÇÃO
Diogo Droschi
Waldênia Alvarenga

Conheça a plataforma digital
Brincar com a criança

Professor, professora, aqui você encontra o **Material Digital Complementar ao Manual do Professor**. O PDF, disponibilizado para leitura ou para impressão, e os videotutoriais foram elaborados com o intuito de oferecer apoio para seu trabalho didático ao longo do ano letivo.

Gestor, gestora, acesse o **Material Digital de Formação do Gestor**. Composto por PDF e videotutoriais, ele oferece relatos de experiências, propostas didáticas e projetos institucionais, além de indicadores e evidências para processos de avaliação na Educação Infantil.

Para acessar a plataforma digital, leia o código óptico de seu smartphone ou acesse o site https://bit.ly/brincarc de seu computador.

Dados Internacionais de Catalogação na Publicação (CIP)
(Câmara Brasileira do Livro, SP, Brasil)

Deheinzelin, Monique
  Brincar com a criança : volume II : crianças pequenas de 5 anos : manual do professor / Monique Deheinzelin, Priscila Monteiro, Ana Flávia Castanho. -- 1. ed. -- Belo Horizonte : Autêntica, 2023. -- (Brincar com a criança ; II)

  ISBN 978-65-88239-50-6

  1. Educação infantil 2. Educação pré-escolar I. Monteiro, Priscila. II. Castanho, Ana Flávia. III. Título. IV. Série

20-43777   CDD-372.21

Índices para catálogo sistemático:
1. Educação infantil 372.21

Cibele Maria Dias - Bibliotecária - CRB-8/9427

AUTÊNTICA EDITORA LTDA

Belo Horizonte
Rua Carlos Turner, 420
Silveira . 31140-520
Belo Horizonte . MG
Tel.: (55 31) 3465 4500

São Paulo
Av. Paulista, 2.073 . Conjunto Nacional
Horsa I . Sala 309 . Bela Vista
01311-940 . São Paulo . SP
Tel.: (55 11) 3034 4468

Este livro foi composto com tipografia Houschka Rounded e impresso em papel Offset 90 g/m² na Formato Artes Gráficas.

www.autenticaeditora.com.br
SAC: atendimentoleitor@grupoautentica.com.br

SUMÁRIO

Como usar este livro 4

SEÇÃO INTRODUTÓRIA

Letras e números 7
Literacia 9
Numeracia 13
Avaliações formativas 17
Literacia familiar 19
Plano de desenvolvimento anual 21
Referências 23

REPRODUÇÃO COMENTADA DO LIVRO DO ESTUDANTE

Apresentação 25
Sumário 26

Unidade 1 – Livro da Fauna

Introdução 27
Página a página 29
Conclusão 45

Unidade 2 – Eu e você

Introdução 48
Página a página 50
Conclusão 66

Unidade 3 – Espaços e objetos

Introdução 67
Página a página 69
Conclusão 80

Unidade 4 – Jogos

Introdução 81
Página a página 83
Conclusão 96

Unidade 5 – Projetos de investigação

Introdução 97
Página a página 99
Conclusão 110

Unidade 6 – Caderno de desenho

Introdução 111
Página a página 113
Conclusão 125

Unidade 7 – Preferências

Introdução 127
Página a página 129
Conclusão 144

Unidade 8 – Tempo, tempo

Introdução 145
Página a página 147
Conclusão 154

Anexos 156

Bibliografia consultada 165

COMO USAR ESTE LIVRO

Seção introdutória em que se apresentam os conceitos de literacia e numeracia, bem como uma visão geral dos conteúdos que serão tratados nas unidades e as principais práticas pedagógicas a elas associadas.

A **introdução das unidades** deste Manual do Professor tem início na apresentação das abertura de unidade correspondente do Livro do Estudante. E apresenta os **objetivos pedagógicos** a serem abordados na unidade, trazendo uma introdução aos conteúdos, conceitos e atividades e como estas se relacionam com os objetivos e com os pré-requisitos pedagógicos para sua realização.

Nesta seção você encontra a reprodução comentada da totalidade do Livro do Estudante. Cada unidade consiste de **introdução**, **página a página** (reprodução comentada das páginas do Livro do Estudante) e **conclusão**.

Comentários de cada miniatura do Livro do Estudante com explicações de caráter prático referentes às atividades propostas, considerações pedagógicas a respeito das dificuldades esperadas pelos estudantes na resolução das atividades, além de sugestões de atividades complementares e preparatórias para a realização dos conteúdos.

A **conclusão** de cada unidade apresenta possibilidades de avaliação formativa e monitoramento da aprendizagem para os objetivos pedagógicos trabalhados.

ACERVO DAS AUTORAS.

SEÇÃO INTRODUTÓRIA

Letras e números

O alfabeto, tal como conhecemos hoje, é uma invenção dos gregos, há cerca de 2.420 anos.

Invenção **extraordinária**, a escrita torna a **linguagem visível** (HERRENSCHMIDT, 1995, p. 101).

Embora o desenho e o nome das letras gregas continuem sendo hoje em dia diferentes de nosso alfabeto, a criação de signos de A a Z foi uma importante invenção para a humanidade.

As duas primeiras letras gregas são alfa α e beta β, daí a palavra "alfabeto", que designa o conjunto de letras. A grande magia do alfabeto é tornar a fala visível na superfície de um papel em que escrevemos, por exemplo. É por meio dele, também, que conseguimos ler e escrever qualquer palavra, uma vez que a escrita flutua entre a letra e a oralidade. Na leitura de um livro, as letras ressoam em palavras.

Já as palavras, quando as falamos, soam como música. Falar, fazer música, cantar cada sílaba nos colocam dentro da vida, por isso o jogo silábico ritmado é tão envolvente com as crianças. Cada sílaba entoada transforma diferentes fonemas em unidades fonéticas.

Os sons da língua são timbres modelados pela cor do som das vogais (A, E, I, O, U). Assim, o jogo silábico torna-se um jogo de timbres.

Dessa forma, a criança estabelece uma relação com a língua como jogo silábico. Quando bebês, elas balbuciam, brincam com os sons e essa exploração sonora fica para a vida inteira como afeto e organização, uma vez que se originam do entendimento, ainda no útero, da voz e do ritmo pulsante do coração da mãe. Música e poesia são, para cada um de nós, um retorno a essa voz.

A escrita alfabética evoca a língua que se fala, ao anotar elementos da linguagem, que são as palavras e as sílabas. Quando lemos um texto escrito, as letras começam a ressoar. Com a linguagem, a literatura e a escrita, tornamo-nos autônomos em meio ao mundo, que passa a fazer sentido para nós.

A **língua portuguesa** falada e escrita no Brasil é um **sistema vivo** de música e pronúncia em cada região do país. Temos um **imenso repertório** para apreciar, **brincar** e **interagir** com as palavras.

Há cerca de 1.500 anos, os árabes levaram da Índia manuscritos nos quais estavam registrados numerais com base decimal.

O sistema de numeração decimal que utilizamos hoje decorre da invenção do zero, a ausência de quantidade, representada por um ovo de ganso na cultura da Índia. Registrados e divulgados pelo matemático árabe Al-Khwarizmi (780-850 d.C.), os numerais de 1 a 10 receberam o nome "algarismos".

Assim como o alfabeto possibilita registrar qualquer palavra e elaborar textos escritos, os algarismos possibilitam escrever quaisquer quantidades e construir um pensamento matemático.

No campo da Matemática, foram ainda os gregos que desenvolveram a Geometria, que estuda o espaço e as figuras que podemos imaginar em um determinado entorno. A Geometria resolve problemas de aritmética e álgebra que a Matemática, antes reduzida apenas ao algarismo, não podia resolver.

Devemos aos gregos a objetivação da linguagem no alfabeto e a do espaço, na Geometria.

É a partir dessas evidências que o **Livro do Estudante – volume II** e o presente **Manual do Professor – volume II** proporcionam projetos de pesquisa e situações didáticas, como jogos e brincadeiras, que acontecem nos cinco Campos de Experiências previstos na Base Nacional Comum Curricular (BNCC):

EO – O eu, o outro e o nós
CG – Corpo, gestos e movimentos
TS – Traços, sons, cores e formas
EF – Escuta, fala, pensamento e imaginação
ET – Espaços, tempos, quantidades, relações e transformações

Essas evidências nos levam, ainda, a considerar os itens da Política Nacional de Alfabetização (PNA) em contextos de leitura e escrita nos quais ensino e aprendizagem estão em compasso, em processos abertos e dinâmicos:

1. Alfabetização
2. Leitura
3. Escrita
4. Consciência fonológica
5. Habilidades metalinguísticas
6. Ensino-aprendizagem
7. Neurociências
8. Linguagem

Nos materiais impressos, para recuperar o que era natural em nossos primeiros anos de vida, a sincronicidade sensório-motora, que é o sentir e agir ao mesmo tempo, propomos os movimentos:

- Aprender com a criança.
- Mobilizar a própria criatividade.
- Compreender o mundo.

Por que aprender com a criança? Porque, se observarmos, sem pré-juízos ou preconceitos, os procedimentos que ela cria para obter êxito em suas ações, compreenderemos como se dá a aprendizagem. Para saber o que, para que e como ensinar, precisamos compreender os modos de ser do aprendiz. Uma avaliação processual ou formativa busca medir qualitativamente como se deu a aprendizagem significativa e efetiva – pois o que foi aprendido agora é patrimônio do aluno.

Por que mobilizar a própria criatividade? Porque, se permanecermos em um estado de minoridade, passivos, heterônomos (governados por outros) não seremos dignos da felicidade. A saída da minoridade depende de nossa mobilização estética. Sem afeto, não nos será possível compreender o ponto de vista das crianças pequenas e propor a elas, como educadores, sequências didáticas plausíveis. Didáticas estas que propiciem aprendizagem.

Por que compreender o mundo? Porque é na interação com os fenômenos, com as pessoas e com os dados culturais que nos constituímos como indivíduos.

E, sobretudo, para propiciar a todas as crianças no Brasil seus direitos de aprendizagem e desenvolvimento:

- Conviver.
- Brincar.
- Participar.
- Explorar.
- Expressar.
- Conhecer-se.

> Seu **projeto educativo**, professor, é o que determina a **ordem** em que as atividades do livro serão apresentadas. Não se trata de uma obra linear, as **idas e vindas** entre as páginas do livro são **decididas por você**, de acordo com as **necessidades de aprendizagem** de sua turma.

Literacia

Em nossas intenções educativas, é preciso, em primeiro lugar, ouvir e escutar, observar e imaginar, registrar e compreender os procedimentos e as estratégias da criança para realizar as atividades que propomos a elas.

Aprender com a criança é voltar a **atenção** para ela, procurando compreender seu **ponto de vista** e o que a criança quer nos comunicar por meio de **gestos**, **ações** e **palavras**.

A partir dessa escuta atenta, estabelecemos um constante diálogo entre o ensino e a aprendizagem. Para a especialista em alfabetização Telma Weisz (2018, p. 68), uma boa situação de aprendizagem costuma ser aquela em que:

- Os alunos precisam pôr em jogo o que sabem e pensam sobre o conteúdo que se quer ensinar;
- Os alunos têm problemas a resolver e decisões a tomar em função do que se propõem produzir;
- A organização da tarefa pelo professor garante a máxima circulação de informação possível;
- O conteúdo trabalhado mantém suas características de objeto sociocultural real, sem se transformar em objeto escolar vazio de significado social.

Para conceber e realizar projetos pedagógicos interdisciplinares, compreendemos **literacia** como as competências para ler e escrever, adquiridas em contextos simultâneos e indissociáveis de alfabetização e letramento.

Julgo muito difícil separar alfabetização de letramento, no estágio atual das teorias da leitura e da escrita: a alfabetização, segundo essas teorias, se desenvolve em contexto de letramento, que dá sentido ao aprender a ler e escrever, portanto, ser

alfabetizado supõe ter também pelo menos algum nível de letramento (SOARES, 2019, [s.p.]).

Podemos traduzir, do inglês, a palavra *literacy* como "**literacia, alfabetização e letramento**", desde que os processos de alfabetização aconteçam sempre em contextos sociais de leitura e escrita, uma vez que as práticas sociais são conteúdos.

A escrita precisa ser compreendida como um sistema de representação em que a criança, para se apropriar do funcionamento da base alfabética, interage com o objeto de conhecimento, de modo a pensar sobre o que e como representa o que era pretendido.

Nos diversos textos que são utilizados no **contexto** de atividades com **sentido** para as crianças, é possível trabalhar com **todas** as **habilidades básicas**.

Porém, o inverso não é necessariamente verdadeiro, segundo afirmam Liliana Tolchinsky e Isabel Rios (2010, p. 174): "As habilidades básicas poderiam ser exercitadas com todo tipo de recurso didático sem chegar a usar a língua escrita com nenhum propósito além da aprendizagem da mecânica da decifração".

Em contextos sociais e culturais, com os modos específicos das tradições orais nas várias regiões brasileiras, estudantes e professores têm a possibilidade de ampliar seu conhecimento sobre a leitura e a escrita, o mundo dos números e os fenômenos naturais em jogos e brincadeiras que compõem uma proposta didática.

Nesse sentido, Delia Lerner (2019), especialista em didática da língua, esclarece:

> Vocês sabem muito bem que nós optamos por uma formação desde a perspectiva didática, e que uma ideia central que atravessa essa perspectiva é a de aproximar o ensino da aprendizagem. Por isso, quando trabalhamos com os professores, tentamos compreender como as crianças pensam sobre a escrita – podem ser as crianças de uma gravação em vídeo ou as que os próprios professores têm em suas salas –, o que estão pensando sobre a escrita, qual é a perspectiva deles, e o que podemos fazer para ajudá-los a avançar (LERNER, 2019, [s.p.]).

Nas propostas didáticas dos materiais que compõem o segundo volume, dedicado a crianças pequenas de 5 anos a 5 anos e 11 meses de idade, trabalhamos com palavras estáveis, rimas, cantigas e parlendas.

O trabalho com as **cantigas**, **parlendas** e outros textos da cultura popular permitem que a criança pequena estabeleça relações entre a **pauta sonora** e a **pauta escrita**, entre **fonemas** e **grafemas**, mas é importante compreender melhor alguns aspectos.

Fazemos a distinção entre consciência fonológica e decodificação de letras e sons, pois como afirmam os especialistas Artur Gomes de Morais e Alexsandro da Silva (2010):

> "Consciência fonológica" não pode ser entendida como sinônimo de "consciência fonêmica", uma vez que a consciência fonológica é mais abrangente e envolve não apenas a capacidade de analisar e manipular fonemas, mas também unidades sonoras como sílabas e rimas [...]. É possível pensar num ensino mais prazeroso que ajude as crianças a brincarem com a língua, observando seus segmentos sonoros… e escritos [...]. Consciência fonológica consiste na capacidade de refletir conscientemente sobre as unidades sonoras da língua e

de manipulá-las de modo deliberado (MORAES; SILVA, 2010, p. 74, 75, 83).

Investigando processos de aquisição de leitura e escrita, Sofia Vernon (2004) estudou a natureza da passagem da escrita ainda não fonetizada para uma escrita já fonetizada. Como se dá a passagem de uma escrita em que a criança utiliza letras com equivalência sonora ao modo como se falam as palavras? A pesquisa dessa autora deixa claro que não se trata de uma simples transferência de saberes, e sim de uma construção.

Segundo a pesquisadora, as crianças enfrentam um desafio de pensar como recortar algo contínuo, a oralidade, ao modo como se fala, e fazê-la corresponder a elementos descontínuos e que se podem contar, como as letras. Ainda, segundo a autora: "o trabalho didático é impossível somente a partir dos exercícios de recorte oral. É necessário colocar desafios com a escrita que lhes permitam ir descobrindo como se relacionam a escrita e a oralidade em nosso sistema alfabético" (VERNON, [s.p.], tradução nossa).

Portanto, é necessário que o apoio para a reflexão sobre como funciona o sistema de escrita seja escrito, para que a criança consiga estabelecer relações entre a pauta sonora e a pauta escrita, entre como se fala e como se escreve.

Pensando nos postulados da didática, o trabalho com quatro situações pedagógicas fundamentais deve ser considerado em uma rotina de turmas de alfabetização. Segundo Delia Lerner (2019), essas situações são:

ESCRITA PELO ALUNO	LEITURA PELO ALUNO
ESCRITA POR MEIO DO PROFESSOR	LEITURA POR MEIO DO PROFESSOR

Quando as crianças participam de maneiras distintas nos atos de leitura e escrita, seja ouvindo a leitura do professor, lendo por si mesmas, seja ditando um texto ao professor, escrevendo de acordo com suas hipóteses, isso implica uma interação diferenciada com o objeto de conhecimento e com as estratégias utilizadas. Mesmo que as crianças não saibam ler e escrever convencionalmente, precisam ser convidadas a participar de propostas em que atuem como leitoras e escritoras, de acordo com suas hipóteses e de seu modo de sentir, pensar e agir.

> As **escritas de crianças** pequenas não correspondem necessariamente ao padrão ortográfico da escrita alfabética, constituindo-se sempre como um **convite à reflexão** sobre como se escreve.

É o caso, por exemplo, destas duas produções de Iná (5,2): HTO E PPHIO, gato e papagaio, respectivamente, na qual ela se vale do nome da letra H (agá), e do som representado por consoantes e vogais.

No conjunto de propostas de literacia presentes neste material, consideram-se as quatro situações didáticas da tabela apresentada anteriormente, com orientações específicas em cada uma delas.

Entre os gêneros textuais apresentados às crianças pequenas ao longo do material, encontram-se parlendas e cantigas, canções, sinopses e indicações de livros literários, textos instrucionais como regras de jogos e receitas culinárias e textos de divulgação científica. As canções e cantigas têm uma importância destacada para a experiência da criança pequena por se configurar, muitas vezes, em brincadeiras cantadas.

Na **Unidade 7 – Preferências, do Livro do Estudante – volume II** estão presentes cantigas, receitas, brincadeiras, indicações literárias em atividades que favoreçem a **literacia** emergente das crianças pequenas de 5 anos a 5 anos e 11 meses de idade, com as respectivas orientações neste **Manual do Professor – volume II**.

Com brincadeiras cantadas, espera-se que as crianças pequenas possam:

1. Brincar e conhecer novas brincadeiras cantadas.
2. Refletir sobre o funcionamento do sistema de escrita e avançar em suas hipóteses.
3. Escrever e ler para compartilhar as brincadeiras cantadas de acordo com a definição do contexto de produção.

Quem não se encanta com os versos do grande poeta Gonçalves Dias (1823-1864)? Os textos poéticos conhecidos, sobretudo, em forma de poema, em uma estrutura composicional marcada por versos e estrofes, e por recursos da linguagem, como as rimas, que provocam uma certa musicalidade na forma como as palavras são empregadas, costumam fascinar crianças e adultos.

CANÇÃO DO EXÍLIO
(GONÇALVES DIAS)

MINHA TERRA TEM PALMEIRAS
ONDE CANTA O SABIÁ,
AS AVES, QUE AQUI GORJEIAM,
NÃO GORJEIAM COMO LÁ.

NOSSO CÉU TEM MAIS ESTRELAS,
NOSSAS VÁRZEAS TÊM MAIS FLORES,
NOSSOS BOSQUES TÊM MAIS VIDA,
NOSSA VIDA MAIS AMORES.

Para as crianças que ainda não fonetizam, ou seja, que não compreenderam que a escrita é um sistema de representação da fala, podem ser significativas as intervenções que as ajudem a controlar a quantidade de caracteres utilizados, a variá-los de acordo com as diferentes escritas, e a usar letras em vez de outros sistemas.

Já para as crianças que fonetizam, fazer relações com palavras estáveis, como o nome próprio da criança e o dos colegas, por exemplo, perguntando-se como começa e como termina, semelhanças e diferenças na escrita, apoia seus processos de investigação sobre as relações entre pauta escrita e pauta sonora das palavras.

Os **nomes das crianças** podem se configurar como palavras estáveis se houver um trabalho desenvolvido a partir deles e se forem **consultados** e **utilizados** nas **intervenções**. O uso dessas palavras é a grande **fonte de reflexão** para que as crianças pensem em como se escreve determinada palavra.

O nome apresenta algumas características marcantes para as crianças que estão aprendendo a ler e a escrever como fonte de pesquisa: ele é fixo, não se modifica, nem é ambíguo, ou seja, é uma forma de escrita estável dotada de significado e valiosa fonte de informação.

Isso permite que as crianças pequenas possam refletir sobre como ler e escrever tendo os nomes, o seu e o dos colegas, como referência para as suas análises. Em situações como esta, a criança pode aprender que não é qualquer conjunto de letras que formam o nome, nem qualquer ordem, e que o começo do nome escrito tem relação com o começo do nome falado.

Por isso, considere a lista dos nomes das crianças para, com eles, ir diversificando atividades e fazendo intervenções mais ajustadas.

Exemplos disso encontram-se, nos conteúdos referentes à **Unidade 2 – Eu e você**, presentes no segundo volume do Livro do Estudante e do Manual do Professor.

Na **Unidade 2**, conteúdos de **literacia** e **numeracia**, como a escrita de nomes próprios, a escrita de números em contextos significativos e a comparação numérica, e o uso dos números em suas diversas funções celebram o convívio e a amizade, favorecendo, desse modo, direitos de desenvolvimento e aprendizagem das crianças, tais como: **conviver**, **conhecer o mundo** e **conhecer-se**.

A **Unidade 1 – Livro da Fauna** apresenta verbetes, em ordem alfabética, de animais encontrados no Brasil. O objetivo é que as crianças pequenas conheçam mais sobre animais, um tema de interesse da faixa etária, e que tenham acesso a textos informativos de qualidade. Dessa forma, podem partilhar da leitura e conversar sobre o tema.

Em algumas páginas, as crianças são convidadas a investigar o texto para compor, com o apoio do professor e dos colegas, uma ficha técnica contendo peso, tamanho e o que come cada um dos animais. Ao final de cada página, as crianças encontram um box com a letra inicial do animal apresentado no verbete. Esse conjunto de informações compartilha com as crianças informações sobre o alfabeto e os diferentes tipos de letra para grafá-lo.

Neste **Material do Professor – volume II**, estão apresentadas orientações detalhadas para esse trabalho, que propicia os direitos de aprendizagem e desenvolvimento **participar**, **explorar**, **expressar** da BNCC. Nos **Anexos** é apresentada uma galeria de imagens de animais do mundo, a qual traz, a cada página, diversos animais cujos nomes possuem a mesma letra inicial. Essa galeria está organizada em ordem alfabética, incluindo as letras K, W e Y, para que as crianças possam consultá-la para jogar STOP, apresentado na **Unidade 4 – Jogos**. Constitui-se, portanto, em um valioso instrumento para trabalhar de forma integrada e contextualizada os conteúdos de **literacia** constantes na PNA.

Numeracia

Entendemos **numeracia** como a capacidade de entender e trabalhar com números, raciocinar e aplicar conceitos numéricos simples.

Aspectos substanciais de **numeracia** incluem sentidos de números, sentidos de operações, computação, medição, geometria, probabilidade e estatística, além de raciocínio matemático e raciocínio lógico.

Uma pessoa numericamente alfabetizada pode gerenciar e responder a demandas matemáticas da vida.

As propostas de **numeracia**, compartilhadas neste material visam dar elementos para que cada professor possa planejar e desenvolver, com sua turma, atividades que contribuam para que as crianças pequenas avancem em seus conhecimentos sobre noções de quantidade e algarismo, somas, subtrações e proporções simples, noções de formas geométricas elementares, de localização, posicionamento, espacialidade, direcionalidade, noções de grandezas, como tempo, peso e volume, e de seus instrumentos de medida, tudo isso ampliando as possibilidades de raciocínio lógico e matemático.

Para saber se um número é maior ou menor, por exemplo, a criança se vale de **indícios quantitativos** – quantos algarismos um número tem –, e de **indícios qualitativos** – o valor posicional dos algarismos.

Para poder compreender as regras que regem o sistema de numeração que utilizamos, as crianças pequenas precisam usar os números tal como eles aparecem nos diferentes contextos, sem recortes artificiais da série.

As crianças interagem com os números em diferentes contextos sociais e, como boas investigadoras que são, sempre vão ter perguntas sobre eles: "Luisa, aos 5 anos, subiu na balança e perguntou: vamos ver quanto eu custo". "Renata, também aos 5 anos, passou no radar e perguntou: o 5 e o 4, como é? E o 4 e o 5?"

Essas perguntas nos mostram que, quando as crianças têm a oportunidade de interagir com os números na forma como eles se apresentam no meio social, refletem tanto sobre seu sentido quanto sobre o valor posicional. Nessas situações, as crianças constroem hipóteses sobre o sistema de numeração.

Outro conjunto de situações é como as crianças pequenas comparam números. Por exemplo, crianças de 5 anos, ao terem de comparar e decidir qual dos seguintes números é maior: 2496 e 32, afirmam que é o 2496, porque tem mais números. Embora não conheçam esses números, sabem que quanto maior a quantidade de algarismos, maior é o número.

Já ao comparar dois números com a mesma quantidade de algarismos, como 29 e 83, costumam argumentar que 83 é maior, porque 8 é maior que 2. Elaboram a hipótese de que os algarismos "valem" diferente se estão em lugares diferentes.

Outras vezes, algumas crianças pequenas se apoiam na contagem oral ou escrita. Ao comparar 23 e 14, afirmam que o 23 é maior porque vem depois, e o comprovam contando ou apontando os números num calendário.

> **Portadores numéricos** – objetos culturais que apresentam uma série ordenada dos números, organizados de diferentes maneiras de acordo com o portador: pode ser um calendário, um relógio, a fita métrica, uma calculadora. É recomendável que diversos tipos de portador fiquem permanentemente na sala, para que as crianças possam consultá-los sempre que desejarem. Eles funcionam como **fonte de informação**, um tipo de "dicionário".

Não há como as crianças pequenas descobrirem as propriedades implícitas no **sistema de numeração escrito** se não tiverem contato com os **portadores de informação numérica**, com usuários do sistema de numeração ou com situações que as levem a refletir sobre essas particularidades.

Em campos abertos de interação e brincadeira, os jogos, como os de percurso entre tantos outros, são situações dinâmicas, que podem ser encontradas nos conteúdos correspondentes à **Unidade 4 – Jogos**, presente no **Livro do Estudante – volume II** e neste **Manual do Professor**. Alguns deles foram idealizados por professores ticuna, no Alto Solimões (AM), em atividades de formação da Organização Geral dos Professores Ticuna Bilingues (OGPTB). São também dos professores ticuna imagens e textos de *Livro das árvores*, obra cuja abordagem se encontra na **Unidade 5 – Projetos de investigação**.

> As diferentes **ilustrações**, como as dos ticuna ou as de jogos antigos, como do Ganso, das Cobras e Escadas, ou as feitas por crianças, enriquecem o **repertório** de **imagens** e **representações**, tornando-se um convite à investigação de **outras culturas**.

Os jogos apresentados na **Unidade 4** envolvem conteúdos de numeracia e literacia, a leitura de regras dos jogos, o preenchimento das cartelas de jogos de Bingo e STOP, a leitura do número do dado, a comparação e o registro de quantidades para saber quem ganhou, constituindo-se como práticas sociais que possibilitam avanços significativos para a **numeracia** e a **literacia** emergentes das crianças pequenas. Dessa forma os direitos de aprendizagem e desenvolvimento **conviver**, **brincar** e **participar** são especialmente contemplados.

Diversas situações podem ser propostas para que as crianças pequenas pensem sobre os números escritos. É possível enriquecer as brincadeiras com materiais como notas e moedas de brinquedo, embalagens de alimento, ou folhetos de supermercado. Também é possível incentivar as crianças a produzirem escritas, oferecendo bloquinhos para que anotem a ordem em que serão atendidas no médico ou o telefone de um paciente. Assim, de forma progressiva, elas podem ir aprendendo a reconhecer onde há números, para que são usados, quais tamanhos de números são utilizados em diferentes contextos, e observar as marcas gráficas que os acompanham (como a vírgula nos preços, ou as barras, nas datas).

O ensino das diferentes funções do número na Educação Infantil tem como objetivo que as crianças pequenas compreendam que usamos os números em diferentes situações e que eles "servem" para muitas coisas: indicam uma data de aniversário; um número de telefone; o lugar onde se mora; a quantidade de bolinhas de gude que se tem; o preço de um produto no supermercado; um canal de televisão; a quantidade de queijo ou de suco em uma embalagem, por exemplo; quanto dinheiro foi gasto no supermercado; a quantidade de copos, pratos e talheres na mesa do jantar; em que ordem serão atendidas as pessoas que estão aguardando o médico; entre outras.

As atividades, brincadeiras, jogos e propostas de investigação do presente material oferecem possibilidades de trabalho envolvendo os seguintes tópicos:

- **O uso dos números tal qual aparecem nos contextos sociais, em suas diferentes funções**

Interagir diariamente com diferentes usos sociais dos números pode favorecer que algumas crianças pequenas tomem consciência de suas diferentes funções, que avancem na contagem, que comecem a elaborar ideias sobre como se escreve e como se lê alguns números, que observem algumas regularidades sobre a escrita ou o nome de alguns números, que comecem a ter certas ideias acerca da quantidade de algarismos de um número ou que memorizem a escrita e o nome de alguns números.

- **O número como uma memória de quantidade**

Refere-se à possibilidade de determinar uma quantidade e retomá-la sem que esta esteja presente, isto é, o número para se lembrar de uma quantidade. Está relacionado ao aspecto cardinal do número.

- **O número como memória de posição**

Permite recordar o lugar que um objeto ocupa em uma lista ordenada, sem precisar memorizar a lista. Está relacionado ao aspecto ordinal do número.

- **O número para calcular**

Envolve compreender que uma quantidade pode ser resultado da composição de duas ou mais quantidades.

A **Unidade 8 – Tempo, tempo** proporciona o olhar atento da professora ou do professor para medidas de tempo e sua periodicidade, a realização de calendários, colocando datas de eventos como o maracatu, no nordeste brasileiro, datas de aniversário de cada uma das crianças, parlendas como "**Hoje é domingo**", de modo a promover relações significativas de conteúdos entre **numeracia** e **literacia** emergentes nas crianças pequenas, de 5 anos a 5 anos e 11 meses de idade. Com as orientações didáticas presentes neste **Manual do Professor**, a **Unidade 8** propicia os direitos de aprendizagem e desenvolvimento **brincar**, **conviver** e **participar**.

As noções de espaço e de tempo, assim como as de número, de escrita, e de tudo aquilo que nos constitui, não estão prontas na criança. Todo conhecimento tem uma origem na primeira infância e se desenvolve ao longo da vida em um processo sem-fim. Compreender a gênese, ou origem, e desenvolvimento dos conhecimentos na criança, observando e registrando seus procedimentos na resolução de problemas, é uma das condições necessárias para desenhar situações didáticas que favoreçam a aprendizagem.

A tese fundamental apresentada por Piaget na obra "A representação do Espaço pela Criança" é que no domínio da geometria, a gênese da aquisição das noções espaciais se dá na ordem inversa da história desta ciência. A criança considera primeiro as relações topológicas de uma figura e apenas posteriormente as projetivas e euclidianas, que são construídas quase simultaneamente.

Com efeito, as primeiras relações que a criança pode reconhecer e representar graficamente são as de vizinhança, separação, ordem, entorno e continuidade.

O domínio das relações projetivas permite a construção de uma geometria do espaço exterior ao sujeito, que o contempla desde certa distância. A descentração do sujeito acerca de sua perspectiva atual lhe permite coordenar distintos pontos de vista possíveis e construir uma representação do espaço com o que está interatuando na qual os eixos à frente-atrás e direita-esquerda deixam de ser absolutos (GÁLVEZ, 1996, p. 240).

Assim, além das investigações numéricas, desde pequenas, as crianças investigam o espaço ao seu redor.

As crianças vivem inseridas em espaços e tempos de diferentes dimensões, em um mundo constituído de fenômenos naturais e socioculturais. Desde muito pequenas, elas procuram se situar em diversos espaços (rua, bairro, cidade etc.) e tempos (dia e noite; hoje, ontem e amanhã etc.). Demonstram também curiosidade sobre o mundo físico (seu próprio corpo, os fenômenos atmosféricos, os animais, as plantas, as transformações da natureza, os diferentes tipos de materiais e as possibilidades de sua manipulação etc.) e o mundo sociocultural (as relações de parentesco e sociais entre as pessoas que conhece; como vivem e em que trabalham essas pessoas; quais suas tradições e seus costumes; a diversidade entre elas etc.). Além disso, nessas experiências e em muitas outras, as crianças também se deparam, frequentemente, com conhecimentos matemáticos (contagem, ordenação, relações entre quantidades, dimensões, medidas, comparação de pesos e de comprimentos, avaliação de distâncias, reconhecimento de formas geométricas, conhecimento e reconhecimento de numerais cardinais e ordinais etc.) que igualmente aguçam a curiosidade (BRASIL, 2019, p. 40-41).

O trabalho com o Campo de Experiências "Espaços, Tempos, Quantidades, Relações e Transformações", na Educação Infantil, cria contextos de investigação do espaço e das figuras geométricas, convidando as crianças pequenas a ingressar, em seu tempo e a seu modo, em um modo de pensar que envolvam a antecipação de ações e a representação de espaços tridimensionais e de figuras geométricas. Para isso, é preciso planejar situações que: "apresentem um desafio, tenham algo de novidade para as crianças; convidem as crianças a utilizar seus conhecimentos, mas tornem necessárias novas aprendizagens; tornem necessário pôr em jogo as propriedades dos objetos geométricos" (SESSA, 1998).

A **Unidade 3 – Espaços e objetos, do Livro do Estudante – volume II**, traz possibilidades de trabalho nesse campo, cujas orientações específicas encontram-se neste no presente volume do **Manual do Professor**.

Na **Unidade 5 – Projetos de investigação**, encontram-se propostas orientadas neste **Manual do Professor** para investigar árvores que vão compor o jogo **SuperCarta Árvores do Brasil** e para conhecer um pouco das pinturas nas paredes de cavernas há milhares de anos. Em cada um desses dois projetos, conteúdos de **numeracia** e **literacia** são abordados de forma interdisciplinar e podem acontecer ao longo de todo o ano letivo. A interdisciplinaridade de projetos de investigação e a constância das propostas ao longo de meses, ou de todo o ano letivo, são um ótimo caminho para possibilitar às crianças pequenas, em contextos significativos, os direitos de aprendizagem e desenvolvimento **conviver**, **brincar**, **participar**, **explorar**, **expressar** e **conhecer-se**.

Na **Unidade 6 – Cadernos de desenho**, estão propostas atividades que convidam as crianças a refletir, por intermédio da observação e do desenho a partir de sua própria mobilização estética, ou afetiva, sobre a posição no espaço de pessoas, objetos e representações de animais em diferentes linguagens expressivas.

Avaliações formativas

Ao longo de cada unidade, propomos caminhos possíveis para a avaliação formativa dos temas trabalhados. Ao final destas, orientamos a documentação pedagógica e, quando necessário, apresentamos outros indicadores de avaliação.

Nosso intuito é possibilitar que as crianças pequenas participem de atividades significativas que possibilitem a realização progressiva dos direitos de aprendizagem e desenvolvimento da criança (BNCC, 2018).

> **Atividade significativa** – É aquela em que os conteúdos de aprendizagem têm uma estrutura lógica interna coerente, assimilável e com potencial para motivar alunos e alunas a construir novos conhecimentos com base em seus conhecimentos prévios.

Balizados por esses direitos, avaliamos se nossas intenções educativas contribuem para alfabetização e para compreensão de nosso sistema de numeração em seus usos sociais.

Avaliamos, ainda, se nossa intencionalidade educativa garante o direito à educação dos públicos da educação especial, da educação escolar indígena, da educação escolar quilombola e da educação do campo, valorizando as tradições culturais brasileiras (PNA, 2019).

A compreensão gradual de fenômenos naturais acontece em jogos e brincadeiras e em projetos de exploração e pesquisa, envolvendo atividades de leitura e escrita e do mundo dos números.

> **Intencionalidade educativa** – A intenção educativa do professor se realiza artesanalmente, por intermédio de registros e reflexões continuadas, compartilhadas com colegas e parceiros. Essas reflexões levam à necessidade de conceber, realizar e avaliar currículos de

> Educação Infantil com potencial para atender simultaneamente a quatro dimensões da vida humana: cultura, educação, desenvolvimento e aprendizagem.

No material que você tem em mãos, atividades habituais, sequências didáticas e projetos de investigação podem ser combinados para atender, de forma consequente e articulada, as intencionalidades educativas de professores de cada uma das regiões brasileiras.

Este material foi proposto de modo a convidar a idas e vindas das crianças ao longo do ano. Não se tratam de atividades lineares a serem propostas umas após as outras. Em cada unidade, os caminhos possíveis para explorar o material são claramente apresentados ao professor, ao longo das orientações.

Os jogos, atividades, brincadeiras e projetos propostos investigativos propostos exigem de nós, educadores, registros diários sobre as concepções originais das crianças, suas hipóteses e estratégias a respeito dos temas tratados, e uma sistemática na feitura dos portfólios e das demais documentações pedagógicas, contendo as produções de cada uma das crianças envolvidas nos projetos. São estes os instrumentos essenciais para realizarmos uma avaliação formativa que oriente de forma efetiva as relações de ensino e de aprendizagem que mantemos com as crianças pequenas.

Para uma ecologia da aprendizagem, é preciso considerar como, com quem e o que aprendemos, configurando trajetórias potentes e enriquecedoras de aprendizagem. Isso é especialmente relevante, uma vez que experiências subjetivas de aprendizagem estão na base da construção de um si mesmo como aprendiz.

Em uma ecologia da aprendizagem, os direitos de aprendizagem e de desenvolvimento **conhecer** e **conhecer-se** se articulam simultaneamente. Conhecimento de si e conhecimento do mundo aprimoram-se continuamente em Campos de Experiências no tempo e no espaço da Educação Infantil.

Uma **avaliação formativa** é o instrumento que temos para nos perguntar se as atividades propostas atendem os objetivos de aprendizagem e desenvolvimento, de acordo com nossa **intenção educativa.**

Para isso, acompanhamos, por intermédio de registros e portfólios das produções das crianças, os procedimentos que elas criam na resolução de situações-problema.

Nós não avaliamos as crianças pequenas, nós tentamos compreender como acontecem os processos de aprendizagem e desenvolvimento de cada uma delas. Para isso, precisamos de nossos registros, uma vez que os testes não informam os processos. E se buscamos garantir apenas resultados uniformes, perdemos de vista nossas intenções educativas.

> **Avaliar e registrar** – professor, mantenha sempre à mão um caderno, se possível sem pauta, para anotar em texto e imagem (fotografia, colagem, desenho) aquilo que você ouve e vê. Essa forma de escuta e observação permanente é sua principal ferramenta de trabalho.

O portfólio consiste em uma pasta ou local que deve conter as produções de cada uma das crianças. Esses portfólios apresentam o modo de ser da criança e sua evolução ao longo do ano, e são, por isso, essenciais e muito valiosos.

Assim, o portfólio serve como um guia da trajetória criadora da criança, que pode sempre voltar aos arquivos para relembrar e se situar. Além disso, o propósito dos portfólios é prover recursos para realizar uma avaliação processual e contínua.

Nas salas de aula, é preciso sempre ter um espaço para colocar as produções das crianças pequenas. Uma vez por mês, o professor pode dispor uma roda com as crianças para fazer a distribuição dos trabalhos a serem colocados no portfólio, quando então serão retomados processos que levaram aos resultados esperados.

Telefones celulares são ferramentas muito úteis para complementar suas anotações. O importante é que a expressão própria da criança se torne observável para você. Com esse aparelho, podemos nos comunicar e expressar em imagens e textos, explorar e pesquisar conteúdos, fazer e ouvir música, produzir e assistir a audiovisuais, interagir em jogos e brincadeiras com pessoas do mundo inteiro.

Computadores, assim como o celular, nos situam em qualquer tempo e espaço, simultaneamente. Com a internet, podemos estar em vários lugares ao mesmo tempo. E, com instrumentos tecnológicos, podemos usar esse dom, aprendendo nossos alcances e limites no estabelecimento de critérios e procedimentos que autodisciplinem seu uso. Com esses aparelhos, nós, educadores, podemos empreender uma via pessoal de aprendizagem e desenvolvimento.

Desde muito cedo as crianças interagem com eles, demonstrando habilidades intuitivas para clicar ou tocar em ícones que as levem ao desenho animado de sua preferência, a fotografar e acessar fotos e vídeos, a pintar e desenhar, a brincar com jogos interativos. Cabe a nós fazer uma seleção de veracidade e qualidade estética no mar de informações disponíveis, sabendo que não é possível ignorá-las.

Temos, hoje, possibilidades de uso da tecnologia que podem ser incorporadas aos projetos educativos, favorecendo "a **literacia familiar** e o direito à educação dos públicos da educação especial, da educação escolar indígena, da educação escolar quilombola e da educação do campo, valorizando as tradições culturais brasileiras" (PNA, 2019).

Literacia familiar

As coisas não estão prontas, e nós não nascemos sabendo. Portanto, para que as coisas ganhem existência, o que sempre falta é um elo, e este é condição de existência e autonomia realizado pela ação. Ação que exige nossa presença, como cozinhar ou ler um livro, com a criança.

O elo que falta é **interagir** e **brincar**, os eixos norteadores da BNCC.

Os livros, brinquedos, histórias, receitas, jogos e brincadeiras, produções das crianças que circulam entre a casa e a escola, entre professores e gestores e as famílias, funcionam como objetos transicionais. Objeto transicional é um termo cunhado pelo psicanalista inglês Donald Winnicott em seu livro *O brincar e a realidade* (2019). Um brinquedo, de preferência da criança, funciona como objeto transicional porque é investido de uma espécie de vida própria, o brinquedo vive pela criança que, assim, se torna um criador da sua própria realidade.

O êxito da literacia familiar envolve três responsabilidades: para o professor, significa compreender o modo de ser do estudante, ouvir e escutar suas respostas, observar e registrar seus procedimentos para melhor compreender e conceber atividades significativas especialmente desenhadas para atender aos direitos de aprendizagem e desenvolvimento da criança.

Para o gestor, é propiciar a formação, atender às necessidades de organização no espaço e no tempo, garantir que o material adequado chegue às mãos do estudante, do professor e da família.

Quanto à família, a inclusão da criança como estudante, também no ambiente doméstico, do cotidiano em casa, implica mudança de hábitos.

Os **livros literários** criam espaço para **brincar** e **interagir** com a criança.

Cada família sabe de si, de seu entorno, cotidiano, o mundo do trabalho e da sobrevivência, os pilares da cultura em que se assentam uma moralidade ética.

- **Há um mundo a ser compartilhado entre casa e escola:** anotar com a criança (sempre em letra de forma) receitas da tradição familiar em um caderno, fazer a comida e degustá-la pode ser uma boa forma de **literacia familiar**.

Um mundo de música e canções, cantigas de ninar, brincadeiras dos avós pode ser compartilhado em volta da mesa em que a família se encontra para conversar.

- **Um mundo de histórias para lembrar, contar e ler:** boa parte da **literacia familiar** consiste em conversas, brincadeiras e leituras nas quais os adultos originários de diversas culturas puxam o fio da memória.

- **Os livros são o que melhor realizam a transição entre casa e escola:** na **literacia familiar,** os livros são objetos transicionais que provocam aprendizagens significativas em crianças e adultos.

Nós, professoras e professores, aguardamos as crianças pequenas na pré-escola, nós chegamos e nos preparamos – organizando o espaço e disponibilizando materiais, com muito estudo e reuniões para planejamentos e avaliações. Nós nos deslocamos de nossas casas, deixando para trás – na medida do possível – nossa própria família e os cuidados domésticos requeridos. Saímos da esfera privada para uma esfera pública, do particular para o coletivo. Se a escola é particular ou pública, nosso público são as crianças. Com elas e para elas, trabalhamos.

Praticar uma **literacia familiar** que produza aprendizagens significativas depende muito da nossa presença como educadores no planejamento e na avaliação. Para estarmos presentes, temos que considerar como somos, de onde viemos, o que é importante na vida para cada um de nós.

Fotografias dos pais, tios e avós, quando crianças, fotos de lugares dos quais se lembra com emoção, ou mesmo algum objeto que conserva de sua infância: quem teve a sorte de conviver em um quintal, entre frutas e passarinhos, com galos e galinhas, brincando com terra, areia ou capim, que traga para o diálogo entre casa e escola essa sua experiência.

As crianças nos mobilizam a puxar o fio da memória. Entoando canções pelas quais tenham especial predileção, mostrem, contemplem fotografias uns dos outros, conversem. Que cada um se comprometa com uma impressão, uma sensação, uma lembrança da infância que faz parte de você até os dias de hoje.

> Escreva sobre ela, guarde-a para si. Ela será seu ponto de partida para **sensibilizar-se** e deixar-se afetar pelas **sensações** de cada uma das crianças que em breve você receberá no **espaço** e **tempo** da Educação Infantil.

Quando trazemos as famílias para o convívio escolar, cada um dos participantes puxa também seu fio da memória. E é assim que, ao longo do ano letivo, reuniões de pais, conversas, histórias, brincadeiras, hábitos alimentares vão se tecendo com os fios da memória de cada um.

> A **literacia familiar** depende da autonomia das crianças!

Pois é a criança que vai participar de rodas de leitura, da escolha de seu livro preferido, das atividades de leitura e escrita, da canção que gostaria de levar para casa, para ensiná-la aos adultos, de levar para a escola a canção aprendida com a mãe.

Ao gestor compete montar e manter uma biblioteca em sua escola, organizar campanhas de empréstimos de livros, organizar visitas em bibliotecas públicas locais.

São esses livros que farão trajeto de ida e volta entre casa e escola, constituindo a base da **literacia familiar**. E como são as crianças a levar e a trazer o livro e toda a experiência vivenciada em sua leitura, a progressiva autonomia do estudante precisa ser incentivada pelos adultos que convivem com ela.

> Ao **compartilhar com as famílias** livros, atividades, repertórios de cada um, ampliam-se as **experiências** de aprendizagem.

O **Livro do Estudante** pode ir e voltar da escola para casa. Nele encontram-se cantigas, histórias e jogos que podem ser realizados também com a família. Até mesmo, dando destaque à **Unidade 1 – Livro da Fauna**, para ser lida, comentada e expandida. Afinal, quem nunca teve alguma experiência, boa ou ruim, com algum animal de seu entorno, próximo ou distante?

Desejamos um ótimo trabalho aos usuários de nosso material.

Um forte e cordial abraço,

As autoras

Plano de desenvolvimento anual

Uma possível distribuição das atividades

1º bimestre	**Unidade 1:** Livro da Fauna (ao longo do ano: folhear e ler alguns verbetes)
	Unidade 2: Escrita do nome – p. 36 (ao longo do ano: início do ano e final de cada bimestre)
	Unidade 2: Uma história para contar
	Unidade 3: Empilhar, derrubar e reconstruir, Pesquisa de materiais e Construções planas
	Unidade 4: Jogos (distribuir jogos nos quatro bimestres)
	Unidade 6: Caderno de desenho (distribuir propostas nos quatro bimestres)
	Unidade 7: Minha brincadeira preferida
	Unidade 8: Tempo, tempo (distribuir propostas nos quatro bimestres)

2º bimestre	**Unidade 1:** Livro da Fauna (ao longo do ano: folhear e ler alguns verbetes)
	Unidade 2: Escrita do nome – p. 36 (ao longo do ano: início do ano e final de cada bimestre)
	Unidade 2: A história de Arthur: dados pessoais – p. 38
	Unidade 3: Construção de cenários com dinos e Pesquisa de equilíbrio
	Unidade 4: Jogos (distribuir jogos nos quatro bimestres)
	Unidade 5: Investigar árvores
	Unidade 6: Caderno de desenho (distribuir propostas nos quatro bimestres)
	Unidade 7: Comida de que mais gosto e O bolo preferido
	Unidade 8: Tempo, tempo (distribuir propostas nos quatro bimestres)

3º bimestre	**Unidade 1:** Livro da Fauna (ao longo do ano: preencher fichas de animais)
	Unidade 2: Escrita do nome – p. 36 (ao longo do ano: início do ano e final de cada bimestre)
	Unidade 2: Agenda (p. 43) e Viu como cresci?
	Unidade 3: A torre mais alta do mundo e Representação de construções
	Unidade 4: Jogos (distribuir jogos nos quatro bimestres)
	Unidade 4: Construção de jogos de percurso (depois de construído neste bimestre, o jogo será trabalhado com a turma no quarto bimestre)
	Unidade 6: Caderno de desenho (distribuir propostas nos quatro bimestres)
	Unidade 7: Histórias que gosto de ouvir
	Unidade 8: Tempo, tempo (distribuir propostas nos quatro bimestres)

4º bimestre	**Unidade 1:** Livro da Fauna (ao longo do ano: preencher fichas de animais)
	Unidade 2: Escrita do nome – p. 36 (ao longo do ano: início do ano e final de cada bimestre)
	Unidade 2: Para que servem os números (p. 49) e Alice (p. 50)
	Unidade 4: Jogos (distribuir jogos nos quatro bimestres)
	Unidade 5: Pinturas nas paredes
	Unidade 6: Caderno de desenho (distribuir propostas nos quatro bimestres)
	Unidade 7: Canção de que mais gosto
	Unidade 8: Tempo, tempo (distribuir propostas nos quatro bimestres)

Referências

BRASIL. *Base Nacional Comum Curricular*. Brasília: MEC, 2018. Disponível em: <bit.ly/2GcLGU2>. Acesso em: 22 ago. 2020.
Originada de um amplo debate, a Base Nacional Comum Curricular tem como eixos norteadores "Brincar" e "Interagir" e estrutura-se em "Campos de Experiência" visando propiciar os direitos de aprendizagem e desenvolvimento das crianças — conviver, brincar, participar, explorar, expressar e conhecer-se.

BRASIL. Ministério da Educação. Secretaria de Alfabetização. *PNA Política Nacional de Alfabetização/Secretaria de Alfabetização*. Brasília: MEC, SEALF, 2019. Disponível em: <bit.ly/3mUKSnj>. Acesso em: 23 set. 2020.
A eleição de evidências científicas leva a práticas de literacia e numeracia que conduzam crianças ao treino de habilidades para conectar grafemas e fonemas.

DEHEINZELIN, M. *Móbiles da ação*: da cor à experiência estética. 2013. Tese (Doutorado em Educação) – Faculdade de Educação, Universidade de São Paulo, São Paulo, 2013. Disponível em: <bit.ly/3mZFcdk>. Acesso em 05 jan. 2022.
A experiência com cores primárias demonstra que todo e qualquer conhecimento se origina de afeto, percepção e sensações estéticas, guiadas pelo sentimento.

GONÇALVES DIAS, A. Canção do exílio. In:_____. *Poesia*. São Paulo: Agir, 1969 [1846]. (Coleção Nossos Clássicos)
A leitura, a escrita e o convívio continuado com poesia de todas as épocas e lugares abre caminhos para o pensamento poético, as aprendizagens significativas e o desenvolvimento.

GÁLVEZ, G. A geometria, a psicogênese das noções espaciais e o ensino da geometria na escola primária. In: PARRA, C.; SAIZ, I. (Orgs.). *Didática da matemática*: reflexões psicopedagógicas. Porto Alegre: Artmed, 1996. p. 240.
Compreender, ao mesmo tempo, estruturas internas da matemática e o modo como as crianças interagem com elas, proporciona elementos para propostas didáticas.

HERRENSCHMIDT, C. O todo, o enigma e a ilusão. *In*: BOTTÉRO, J. (Org.). *Cultura, pensamento e escrita*. São Paulo: Ática, 1995. p. 101.
Em contraponto a outros modos de grafar, a escrita alfabética concebida pelos gregos possibilita que qualquer um de nós, usuários das línguas, possa ler e escrever textos.

LERNER, D. Delia Lerner. Entrevista concedida a Comunidade Educativa CEDAC. 2 set. 2019. Disponível em: <bit.ly/3kPRnWv>. Acesso em: 31 ago. 2020.
Délia Lerner enfatiza, com exemplos, a necessária articulação entre a apropriação do sistema de escrita (alfabetização) e as práticas sociais de leitura e escrita (letramento).

MORAIS, A. G.; SILVA, A. Consciência fonológica na educação infantil: desenvolvimento de habilidades metalinguísticas e o aprendizado da escrita alfabética. *In*: BRANDÃO, A. C. P.; ROSA, E. C. S. (Orgs.). *Ler e escrever na educação infantil*. Belo Horizonte: Autêntica, 2010. p. 73-91.
Uma coletânea de artigos sobre o planejamento de práticas significativas que integram o letramento e a alfabetização, concebidas e realizadas para menores de seis anos.

SOARES, M. A *alfabetização e o letramento no Brasil, segundo Magda Soares*. Entrevista concedida a Desafios da Educação. 22 ago. 2019. Disponível em: <bit.ly/30r0vJx>. Acesso em: 30 ago. 2020.
A alfabetização se desenvolve em contexto de letramento, que dá sentido ao aprender a ler e escrever. Portanto, ser alfabetizado supõe ter também algum nível de letramento.

SESSA, C. Acerca de la enseñanza de la geometría. *In*.____ *et al. Matemática*: temas de su didáctica. Buenos Aires: CONICET, 1998.
Conselho Nacional de Investigações Científicas e Técnicas da Argentina publica pesquisas importantes, também na área de ensino e aprendizagem da Matemática.

TOLCHINSKY, L.; RÍOS, I. O que os professores dizem fazer para ensinar a ler e escrever? *In*: ESPINOZA, A. M. *et al. 30 olhares para o futuro*. São Paulo: Escola da Vila, 2010. p. 174.
Dados sobre o que os professores declaram realizar são complementados com observação de dinâmicas em sala de aula e com o que as crianças de 5 anos sabem.

VERNON, S. Letras y sonidos en la alfabetización inicial. *In*: CONSEJO NACIONAL DE CIENCIA Y TECNOLOGIA. *Cuaderno de trabajo Sistema de Investigación Miguel Hidalgo*. México: Conacyt, 1999.
Aprender a escutar, aprender a falar. Sofia Vernon investiga relações entre a língua que se escreve e a língua que se fala no início do processo de alfabetização e letramento.

WEISZ, T. *O diálogo entre ensino e aprendizagem*. São Paulo: Ática, 2018. p. 68.
A metodologia de tematização da prática está baseada em uma concepção construtivista da aprendizagem significativa e em um modelo de ensino por resolução de problemas.

WINNICOTT, D. W. *O brincar e a realidade*. Tradução de Breno Longhi. São Paulo: Ubu, 2019.
A partir de sua própria prática psicanalítica, o autor nos fornece elementos para compreender a essência dos eixos norteadores da BNCC — brincar e interagir.

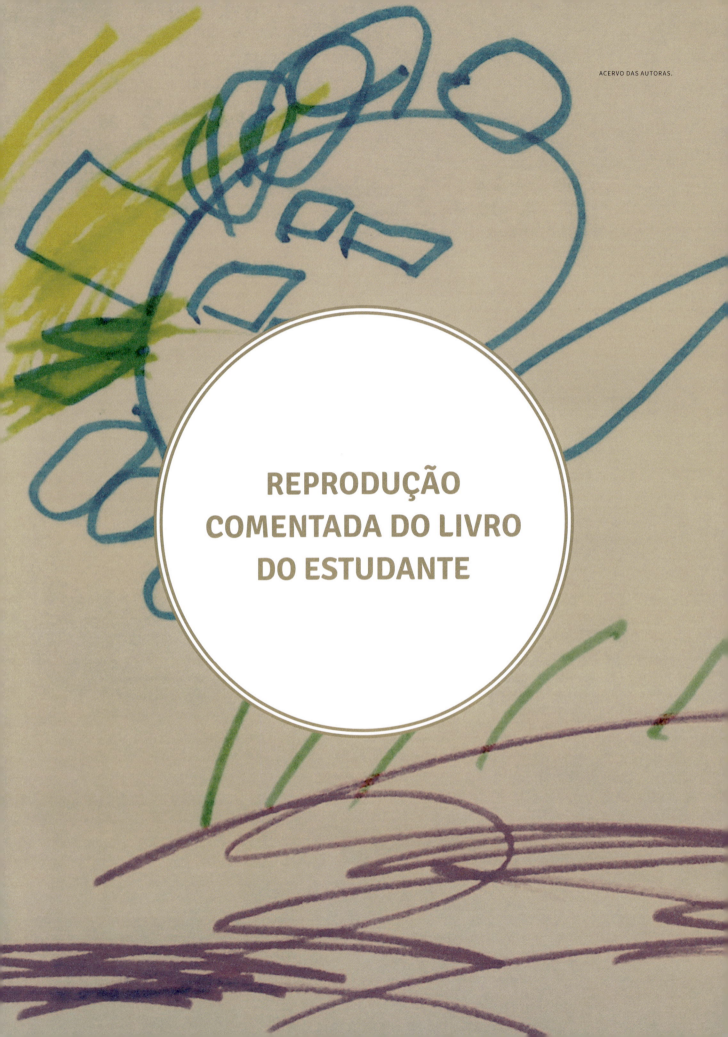

ACERVO DAS AUTORAS.

REPRODUÇÃO COMENTADA DO LIVRO DO ESTUDANTE

Página 3

APRESENTAÇÃO

MENINAS E MENINOS DE TODO O BRASIL,
ESTE É UM LIVRO PARA APRENDER COM PALAVRAS, FIGURAS, HISTÓRIAS, MÚSICAS, JOGOS E BRINCADEIRAS.
NAS DUAS PÁGINAS A SEGUIR, VOCÊ VERÁ QUE SEU LIVRO TEM 8 UNIDADES. ESSE É O **SUMÁRIO**, QUE INDICA O TÍTULO E A PÁGINA ONDE COMEÇA CADA UNIDADE. E AO FINAL DE CADA **UNIDADE**, VOCÊ VERÁ UM **GLOSSÁRIO** QUE VAI AJUDAR VOCÊ A APRENDER AINDA MAIS.
O **LIVRO DA FAUNA** TEM INFORMAÇÕES SOBRE ANIMAIS QUE VIVEM EM VÁRIOS LUGARES DO BRASIL, COMO NA FLORESTA AMAZÔNICA, NO CERRADO, NO PANTANAL E NA MATA ATLÂNTICA. ALÉM DISSO, VOCÊ VAI DESCOBRIR COM QUE LETRA COMEÇA O NOME DE DIFERENTES ANIMAIS. VOCÊ SABIA QUE A **ONÇA-PINTADA** SÓ COME CARNE E GOSTA DE VIVER BEM PERTO DE RIOS E LAGOS? PARA SABER MAIS, PROCURE POR 23 🐾, ISSO REPRESENTA A PÁGINA VINTE E TRÊS DE SEU LIVRO.
QUER SABER COMO, DEPOIS DE CAIR NA TOCA DO COELHO, **ALICE** CHEGOU A UMA SALA COMPRIDA E BAIXA, COM MUITAS PORTAS? PARA ENTRAR **NO PAÍS DAS MARAVILHAS**, ELA PRECISOU PASSAR POR UMA DELAS, QUE ERA BEM PEQUENA. ESSA HISTÓRIA ESTÁ EM 50 ⭐, A PÁGINA CINQUENTA DESTE LIVRO.
PARA JOGAR **LAGOA DA TARTARUGA**, CONVIDE TRÊS AMIGOS E VÁ PARA A PÁGINA 74 🐢, NA **UNIDADE 4 – JOGOS**.
JÁ PARA CONSTRUIR O JOGO **SUPERCARTA ÁRVORES DO BRASIL**, VOCÊ VAI PRECISAR SABER MAIS SOBRE AS ÁRVORES E DESENHÁ-LAS. O PROJETO **INVESTIGAR ÁRVORES** COMEÇA NA PÁGINA NOVENTA E DOIS, OU SEJA, 92 🌳.
PARA BRINCAR E RECORTAR, VÁ PARA OS **ANEXOS**, QUE ESTÃO NA PÁGINA 156 ✂, BEM AO FINAL DESTE LIVRO.
CADA ATIVIDADE DO LIVRO FOI ESCRITA COM LETRAS E NÚMEROS PARA VOCÊ BRINCAR E APRENDER. BOA SORTE!

♥ AS AUTORAS

Professoras e professores de todo o Brasil,

Este é o livro complementar ao Livro do Estudante. Especialmente concebido para acompanhar o seu dia a dia nas escolas com meninas e meninos de todo o Brasil, comenta, página a página, atividades a serem ampliadas por você de acordo com sua experiência e o que é próprio da região onde vive e trabalha.

No Livro do Estudante **dialogamos com as crianças**, buscando **compreender**, ao mesmo tempo, seu ponto de vista e as estruturas internas dos objetos de **conhecimento** que oferecemos a elas.

Neste Manual do Professor, dialogamos com vocês, e em duas frentes: didáticas que aproximam ensino e aprendizagem e a contínua ampliação de nossos saberes. O objetivo maior é aprender a aprender, sempre.

Brincar e **interagir** são os **eixos norteadores** que assumimos em nossa proposta, porque são as ações primordiais que nos conduzem ao **conhecimento simultâneo de si e do mundo**.

Deste modo, há uma continuidade entre a criança que já fomos e o adulto que convive com ela. Essa continuidade se dá na medida em que aprendemos com a criança a não considerar as coisas como prontas, mas torna-las algo significativo para nós.

A criança pequena de 5 anos de idade já pode compreender muitas coisas sobre si e sobe o mundo onde vive. Já estabeleceu vínculos com crianças e adultos que a levaram a exprimir seu afeto e seu pensamento em diversas linguagens, fazendo corresponder o afeto que mobilizou as ações, com suas produções que podemos ver e acompanhar em avaliações formativas.

Pilar do nosso material, o Livro da Fauna fornece informações sobre animais do Brasil, como seu tamanho, do que se alimentam e onde vivem. Com o preenchimento de ficha técnica para cada um deles e com as atividades propostas em todo o material, você tem em mãos um contexto de leitura e escrita para o trabalho com alfabetização, matemática e ciências naturais.

Assim como o Livro do Estudante foi composto com **letras** e **números** para a **aprendizagem**, o seu Manual do Professor atende aos **propósitos** de ensino.

Que a alegria em ensinar e aprender encontre eco neste livro que lhe dedicamos.
Bom trabalho!

♥ *As autoras*

25

Páginas **4** e **5**

O projeto gráfico do Livro do Estudante tem o propósito de facilitar a vida da criança que se vale de indícios para estabelecer relações entre como se fala e como se escreve. A combinação de algarismos e ícones, e a escrita por extenso dos números das páginas, serve para que as crianças pequenas se guiem em seu exemplar do Livro do Estudante.

Textos entre colchetes são consignas de atividades a serem realizadas pela criança. Para fazer a própria agenda telefônica, combinando nomes e números, ela vai procurar a página 43.

Uma crianças de 5 anos de idade pode consultar o verbete do SAPO CURURU, que está na página 27, e ir para a página 142 para estabelecer relações entre como se escreve e como se entoa a letra da canção que leva seu nome. Você pode ouvir as canções do livro acessando pelo celular o código QR que se encontra no quadro de cada uma delas.

O LIVRO DA FAUNA pode ser consultado para o JOGO DE STOP, que começa na página 79 e é completado com nomes e imagens de animais, que também se encontram, em ordem alfabética, nos ANEXOS, a partir da página 156.

Com cores e ícone fica mais fácil para a criança localizar atividades em seu CADERNO DE DESENHO, como a de desenhar em diferentes texturas (página 112).

Equilibrar torres de potes ou latas? Vá para a página 61, em que se trabalha espaço e geometria. Para brincar com calendário e relógio, a criança deve ir para a página dupla de abertura da Unidade 8 – Tempo, tempo, 146 e 147.

Os GLOSSÁRIOS trazem imagem e texto para cada um dos verbetes, como aquele que pode ser encontrado na página 105, relativo à Unidade 5 – Projetos de investigação, em que as crianças aprendem sobre árvores e pinturas nas paredes de caverna.

UNIDADE 1 · INTRODUÇÃO

Páginas **6** e **7**

Tom, 3 anos

Tom estava em um canto da sala, repleto de almofadas e colchonetes – um convite à leitura. Tom folheava com muito interesse uma enciclopédia de animais. Em certo momento me chamou, muito entusiasmado:

– Pri, Pri, olha um golfo!

Olhei para a imagem que lhe causou tanta empolgação, e vi que ele olhava para uma foto, de página dupla, de um golfinho. Então comentei:

– Nossa, Tom, é um golfinho!

Ele olhou de novo para a imagem, desconfiado, e concluiu:

– É um golfão.

Nessa conversa com Tom, é possível notar como animais e outros elementos da natureza despertam a curiosidade e a empolgação das crianças e possibilitam outras reflexões. Ao observar uma foto de duas páginas de um golfinho, Tom reflete sobre o nome do animal e seu tamanho na foto, concluindo que não caberia o sufixo "inho", que indica algo pequeno, chamando o animal de "golfo". Na interação com a professora, generaliza essa ideia, utilizando o sufixo "ão", é um "golfão", diz.

Todas essas reflexões nos mostram como os livros informativos, como enciclopédias e dicionários ilustrados, são um gênero textual que vale a pena ser apresentado às crianças desde pequenas, alimentando sua curiosidade sobre as ciências da natureza e também sobre a língua escrita. Em sua tese de doutorado, Regina Scarpa (2014), especialista em alfabetização, fala sobre o interesse das crianças pelas situações que envolvem a leitura e a escrita. Ela também aborda o entusiasmo das crianças quando têm problemas a resolver:

> Mostraram-se fascinadas com o livro informativo sobre os animais, admiraram as ilustrações, nomearam os animais que apareciam a cada página, comentaram o que já sabiam e pediram mais informações sobre eles (SCARPA, 2014, p. 231).

Por isso, é importante que você compartilhe com a turma que a parte do livro recebida por cada um é uma pequena enciclopédia sobre animais, ajudando-os a abrir o livro na página em que este se inicia. Peça às crianças que folheiem o livro e procurem as páginas com o ícone 🐾. Explique que essas páginas formam um livro, o "Livro da Fauna". Pergunte que informações elas esperam encontrar nele.

Vale a pena ir anotando as respostas em um cartaz de descobertas e ir alimentando com **novas ideias**, à medida que as crianças se **apropriam** desse material.

Esta unidade se configura em um livro dentro de outro livro. Portanto, as atividades propostas se repetem e podem ser desenvolvidas ao longo do ano. A cada retomada de uma prática de leitura e de escrita que vai se tornando conhecida, as crianças podem adquirir autonomia, refletindo sobre as características do sistema alfabético e avançando em seus conhecimentos nos campos da literacia e da numeracia.

As propostas desta unidade se relacionam com os seguintes Campos de Experiências:

- Escuta, Fala, Pensamento e Imaginação
- Espaços, Tempos, Quantidades, Relações e Transformações

OBJETIVOS PEDAGÓGICOS

- Escolher e folhear livros, procurando orientar-se por temas e ilustrações e tentando identificar palavras conhecidas (**BNCC: EI03EF03**).
- Levantar hipóteses sobre gêneros textuais veiculados em portadores conhecidos, recorrendo a estratégias de observação gráfica e/ou de leitura (**BNCC: EI03EF07**).
- Levantar hipóteses em relação à linguagem escrita, realizando registros de palavras e textos, por meio de escrita espontânea (**BNCC: EI03EF09**).
- Identificar e selecionar fontes de informações, para responder a questões sobre a natureza, seus fenômenos, sua conservação (**BNCC: EI03ET03**).
- Classificar objetos e figuras, de acordo com suas semelhanças e diferenças (**BNCC: EI03ET05**).
- Expressar medidas (peso, altura etc.), construindo gráficos básicos (**BNCC: EI03ET08**).

Você notará que as orientações desta unidade estão distribuídas ao longo das páginas, para que seja possível aprofundar cada um dos aspectos previstos no PNA envolvidos no trabalho com essas propostas:

- Conhecimento alfabético;
- Consciência fonológica;
- Práticas de leitura emergente;
- Práticas de escrita emergente etc.;
- Conhecimento prévio: fatos e conhecimentos;
- Vocabulário: amplitude, precisão, articulação etc.;
- Conhecimentos em literacia: familiaridade com livros e textos impressos;
- Estrutura da língua: sintaxe, semântica etc.;
- Reconhecimento de palavras familiares;
- Raciocínio verbal: inferência, metáfora etc.

Por isso, recomendamos que você faça a leitura de **todas as orientações** da unidade **antes** de apresentar as **propostas** para a sua turma. ■

UNIDADE 1 · PÁGINA A PÁGINA

Páginas 8 e 9

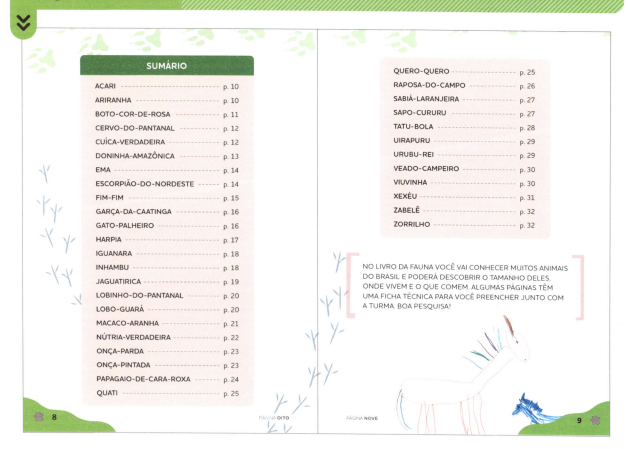

Helena, 5 anos

Helena, aos 5 anos, media tudo o que via. Com o auxílio de uma fita-métrica, media brinquedos, o próprio pé, tentava medir sua altura e a altura de seus colegas.

Ao ser perguntada sobre qual a função dos números em um sumário, respondeu:

"O sumário tem números que medem a medida de um livro."

Essa fala de Helena ilustra a poética da infância e mostra como investigações realizadas num determinado campo de experiências – o interesse em conhecer a medida de objetos representada por números – podem servir como base para interpretar novos aspectos do mundo, como o sumário de um livro.

Essa página da Unidade 1 – Livro da Fauna apresenta o sumário, com todos os animais que aparecem no livro e o número da página correspondente. O sumário é uma estrutura muito utilizada em livros informativos para que o leitor possa localizar rapidamente o trecho do livro em que se encontra a informação desejada. Conhecer seu uso é um passo importante para que as crianças possam explorar livros informativos com maior autonomia. Muitas crianças passam pela pré-escola sem ter tido a oportunidade de refletir sobre a função do sumário ou sabendo utilizá-lo. Em uma pesquisa realizada com crianças no último ano da pré-escola, a fim de conhecer quais conhecimentos sobre a escrita elas dispunham, Regina Scarpa (2014) identificou que apenas 10% das crianças entrevistadas conheciam a função do sumário.

Por isso é importante deter-se ao sumário com as crianças e perguntar por que nessa página encontramos nomes dos animais e números ao lado deles. Uma boa forma de interagir com as respostas das crianças é inspirar-se no diálogo que Scarpa (2014) propôs em sua pesquisa. Com a intenção de observar as ideias que as crianças tinham sobre o sumário e seu funcionamento, para localizar uma informação específica, a autora fez uma série de perguntas que apontavam para a relação entre os nomes e a numeração das páginas. A entrevistadora abria a enciclopédia na página do sumário e perguntava: "Você sabe o que é isso?". Depois, independente da resposta, explicava: "É um sumário. O sumário é um lugar onde diz tudo o que você pode encontrar em um livro". Em seguida, perguntava: "Para que servem os números do sumário?".

Esta pergunta faz com que as crianças pensem sobre as funções que os números podem desempenhar. É natural que inicialmente apresentem a hipótese de que os números indicam a quantidade de animais. Diante de hipóteses como essa, podemos convidar a turma a folhear a Unidade 1 – Livro da Fauna para verificar se, na página de um determinado animal, aparecem tantos dele como o número que aparece no sumário. A ideia é mostrar que esse número não é um indicador de quantidade.

Com isso, as crianças podem, por si mesmas, rechaçar essa primeira hipótese e abrir-se para a busca de novas explicações. Vale a pena convidá-las, então, a reparar no número que aparece em determinada página e perguntar se esse número aparece no sumário. Uma vez que tenham identificado essa relação, as crianças podem testar com outros animais livremente. A partir dessa troca de ideias é possível construir coletivamente uma definição acerca da funcionalidade do sumário. ■

Página 10

Cada página da Unidade 1 – Livro da Fauna traz informações sobre animais brasileiros, apresentando seu nome, uma foto e um verbete contendo informações sobre o lugar em que eles vivem, seu tamanho e massa (peso) médios, seu tempo de vida e sua alimentação.

A **seleção dos animais** foi pensada considerando alguns critérios. O primeiro deles foi ampliar o olhar das crianças para a **incrível diversidade** de animais da nossa fauna, considerando os **diferentes biomas** do Brasil.

REPRODUÇÃO

Mapa de biomas do Brasil.

Um segundo critério foi o desafio que os nomes dos animais representavam para a construção de estratégias de leitura, baseadas em aspectos quantitativos (extensão do escrito) ou qualitativos (letra inicial, letra final, letras intermediárias).

Nessa página, a escolha de ariranha e acari se baseia na diferença entre a quantidade de letras de cada palavra e a sua sonoridade. As duas palavras apresentam também outro atributo que permite que sejam identificadas por crianças pequenas: a letra final. É importante destacar que essas diferenças são fundamentais, pois oferecem apoio para que as crianças possam fazer antecipações ao associar a sonoridade com as letras utilizadas.

> Para isso, é interessante que você apresente a página dizendo que **há dois animais**, um é a **ariranha** e outro o **acari**, mas sem apontar onde está escrito o nome de cada um ou sua imagem.

Peça às crianças que procurem descobrir qual animal é a ariranha e qual animal é o acari. Para isso, faça perguntas que ajudem a estabelecer relações com a escrita dos nomes. Você pode, por exemplo, apontar para a imagem do acari e perguntar: "como vocês acham que chama esse macaquinho de cara rosa, acari ou ariranha?". Você pode alimentar essa investigação com outras perguntas, como:

Como **começam** estes nomes?
E como **terminam**?

Qual nome vocês acham que é **ariranha**?
E **acari**? O que fez pensar assim?

Você observou que tem um nome **mais comprido** que o outro? Qual você acha que é o mais comprido: ariranha ou acari? E o **mais curto**? Por que pensa assim?

Você pode, também, perguntar às crianças se conhecem outros animais que começam com a letra "A", construindo uma lista que possa ser consultada pelo grupo. Ao fazer essa lista, você pode problematizar propondo a inclusão de "ANTA" e "ANDORINHA", por exemplo, que, embora comecem com a letra "A", soam diferente. ■

31

Página 11

Nessa página, apresentamos uma proposta para que as crianças construam a ficha técnica do boto-cor-de-rosa. Elas devem ler o conteúdo para buscar e organizar essas informações na escrita da ficha. Veja orientações para essa atividade na página 20 deste livro.

Além disso, conversar com sua turma sobre os animais que aparecem ao longo do livro, permite que as crianças, assim como Iara, estabeleçam relações com suas experiências pessoais.

É interessante, também, pesquisar os nomes que um mesmo animal recebe em **diferentes regiões do país**. Por isso, ressaltamos a importância do **nome científico**, que aparece em cada página. A ideia não é que a criança decore esses nomes, mas sim **que entenda sua importância**.

Para isso, você pode explicar que o nome científico é um nome que um animal, ou outro ser vivo, recebe e que vale para todas as regiões do mundo. O cientista que primeiro descreve um animal para os outros cientistas normalmente é quem escolhe o nome, seguindo algumas regras.

Veja mais informações sobre o boto-cor-de-rosa no **Material do Professor Digital**.

 Iara – 5 anos

Iara, você sabia que o boto-cor-de-rosa tem muitos nomes no Brasil? Boto-cor-de-rosa, boto-vermelho, uiara e iara.

– Será que é por isso que eu gosto de rosa? Olha o meu desenho: tipos de rosa

Páginas **12** e **13**

Ao final de cada página do Livro da Fauna, as crianças vão encontrar um box informativo com o nome dos animais ali apresentados e a letra de sua inicial destacada, em diferentes formatos: letra de bastão maiúscula e minúscula, e letra cursiva maiúscula e minúscula.

Você pode conversar sobre as informações do box, investigando com as crianças outras palavras que se iniciam pela letra em destaque e fazendo relações com as palavras estáveis já conhecidas pelas crianças – como a lista de nomes da turma – observando se a letra em destaque faz parte ou não das palavras já conhecidas pelas crianças.

Essas conversas podem ser **complementadas** por atividades como o jogo "**STOP**", apresentado na Unidade 4 – Jogos, do Livro do Estudante.

Como em um dicionário ou uma enciclopédia, os animais aparecem em **ordem alfabética** no Livro da Fauna, havendo **uma página dedicada a cada uma das letras**.

Você notará que não aparece nome de animais iniciados pelas letras que foram incorporadas mais tardiamente ao nosso alfabeto – K, W e Y –, pois não são usuais em nomes e palavras da nossa língua. Mas essas letras estão representadas na galeria de animais, que faz parte dos anexos do Livro do Estudante (p. 157-180). O trabalho com a galeria complementa as propostas da Unidade 1 – Livro da Fauna, incidindo na construção do conhecimento alfabético e pode ser usada como referência no jogo "STOP".

Conhecer as letras não é suficiente para aprender a ler, mas é um dos elementos envolvidos na leitura. Esse processo não acontece de maneira isolada. As crianças que estão se iniciando como leitoras constroem hipóteses acerca do que pode estar escrito. Segundo Vernon (1999), identificar as letras corretamente não determina o nível de conceitualização que as crianças têm sobre a escrita. Nas palavras da autora, "apesar de ser um conhecimento necessário, não nos parece suficiente, já que a língua escrita é um sistema de representação, que se define mais pelo tipo de relações entre seus elementos, do que pelos elementos por si mesmos" (VERNON, 1999, p. 28).

Quando **investigam um texto** antes de conquistar a leitura convencional, as crianças não "inventam" e, sim, **antecipam significados** em função de índices que o texto e a situação oferecem.

Por isso, quanto mais as crianças conhecem sobre o que está escrito no texto e sua estrutura, melhores condições elas terão para fazer antecipações. Como os verbetes do Livro da Fauna trazem sempre algumas categorias de informação sobre os animais – onde vivem, qual seu tamanho e do que se alimentam – as crianças, ao longo da exploração do livro, ganharão possibilidades crescentes de investigar seus textos, ampliando suas condições de leitura e, paralelamente, seus conhecimentos sobre a escrita.

Diferentes investigações psicolinguísticas (SMITH, 1999; GOODMAN, 1997) demonstram que o ato de leitura é muito mais que um mero decifrado. Aprender a ler é processo complexo que envolve a coordenação de informações de diferentes naturezas, onde o texto, o leitor e o contexto apoiam a construção de significados. ∎

Páginas 14 e 15

34

A cada duas páginas, o Livro da Fauna apresenta um desafio para as crianças: preencher uma ficha técnica sobre um animal. Esse tipo de atividade oferece valiosas oportunidades para que a criança, em um universo restrito de possibilidades, possa ter autonomia na leitura e na escrita de textos breves.

Para o preenchimento dessas fichas, você pode organizar as crianças em grupos ou duplas, e convidá-las a acompanhar, em seus textos, a leitura em voz alta que você fará do verbete. Planeje essa leitura, pedindo às crianças que peçam para você parar a leitura sempre que localizarem uma das informações procuradas:

➜ Peso (massa);
➜ Tamanho;
➜ O que come (alimentação).

Quando você chegar ao trecho sobre o que o fim-fim come "e se alimenta de frutos", converse com as crianças sobre o que significa "se alimenta de frutos", construindo coletivamente a conclusão de que se alimentar é o mesmo que comer.

Quando todos estiverem certos disso, convide-os a um **trabalho de detetives**, para encontrar no texto onde está escrita a palavra "**frutos**".

Para ajudá-los nessa tarefa, é importante oferecer elementos em que as crianças possam se apoiar, como escrever a palavra **FRUTA** no quadro, e explicar que "**frutos**" e "**fruta**" começam da mesma maneira e que podem usar a escrita de "fruta" para encontrar "frutos" no texto.

✚ Ler para saber mais sobre um tema

Para informar sobre o tema, a professora organiza diversas situações didáticas em que lê textos que oferecem certas complexidades para os alunos. Durante a leitura ou uma vez finalizada, abre espaços de troca, para ajudá-los a compreender melhor o que foi lido (Docente: "Aqui dizia: 'As focas dão à luz seus filhotes em tocas de neve' (relê um parágrafo). O que é 'dar à luz'?". Crianças: "Pode ser que os coloque ao sol". "Que o levam para fora e dão luz com o sol"). Como o comentário ilustra, nem tudo é óbvio para os alunos, motivo pelo qual a professora deverá colocar em discussão algumas ideias (MOLINARI, 2010, p. 120).

Massa (peso) e tamanho são informações que estarão sempre acompanhadas por números, assim, no caso do fim-fim, quando você ler "Mede cerca de 9 centímetros e pesa em torno de 10 gramas", as crianças devem reconhecer que se chegou ao trecho do texto que informa sobre o tamanho e o massa (peso). Nesse momento, você pode perguntar:

➜ "Mede cerca de 9 centímetros...": essa informação se refere ao tamanho ou ao peso?
➜ Pintem de amarelo o número que indica o tamanho.
➜ "Pesa em torno de 8 gramas", vocês sabem o que significa "em torno".
➜ Pintem de azul claro o número que indica o peso ■

Páginas 16 e 17

As propostas do Livro da Fauna alimentam a construção da consciência fonológica por parte das crianças.

> É preciso ter a clareza de que **consciência fonológica** não pode ser entendida como sinônimo de consciência fonêmica, uma vez que a consciência fonológica é **mais abrangente** e envolve não apenas a capacidade de analisar e manipular fonemas, mas também unidades sonoras como **sílabas** e **rimas**.

Nas palavras de Vernon (1999), "Supomos que os esforços por compreender a natureza do sistema de escrita alfabético obrigam a criança a formular perguntas sobre as unidades que compõem a oralidade" (VERNON, 1999, p. 14, tradução nossa).

Uma definição de consciência fonológica

Consciência fonológica – toda forma de conhecimento consciente, reflexivo, explícito, sobre as propriedades da linguagem. Esses conhecimentos são suscetíveis de ser utilizados de maneira intencional. A consciência fonêmica e a forma de consciência fonológica referente aos fonemas (MORAIS, 1996, p. 309).

Vernon (2004) estudou a passagem feita pelas crianças da escrita ainda não fonetizada para uma escrita já fonetizada. Seus achados indicam que não se trata de uma simples transferência de saberes, mas sim da construção de novos significados e relações. Segundo a pesquisadora, as crianças se deparam com o desafio de pensar como recortar algo contínuo, a oralidade, e fazê-la corresponder com elementos descontínuos e contáveis, como as letras. Segundo a autora:

> As relações que as crianças estabelecem entre a palavra oral e suas partes estão estritamente vinculadas com as relações todo/parte na palavra escrita. [...] Trata-se de uma facilitação mútua e de dois processos que se dão de forma simultânea e interdependente (VERNON, 1997, p. 177).

Segundo Scarpa (2014), as crianças parecem precisar de uma imagem visual para poder pensar em segmentações que não sejam silábicas, ou seja, mais do que tirar um fonema, trata-se de omitir uma grafia.

É necessário que a reflexão sobre como funciona o sistema de escrita seja, portanto, **apoiada na escrita**, para que a criança consiga **estabelecer relações** entre a pauta **sonora** e a **escrita**.

Escrever é uma atividade extremamente analítica

Escrever é colocar uma letra após a outra, depois outra e outra e isso leva a criança a relacionar a sequência de letras à sequência de sons da fala. [...] o trabalho de recorte da fala ajuda a pensar em que letras usar e em que ordem colocá-las. E parece coerente que essas verbalizações se deem quando as crianças começam a fonetizar a escrita, isto é, parece previsível que haja uma relação de interdependência entre o progresso da escrita e a evolução de sua capacidade de compreender segmentos pequenos da fala (SCARPA, 2014, p. 219). ■

Páginas **18** e **19**

IGUANARA
PROCYON CANCRIVORUS

TAMBÉM CONHECIDA COMO MÃO-PELADA, É UM TIPO DE GUAXINIM QUE PODE SER ENCONTRADO EM TODAS AS FLORESTAS BRASILEIRAS: PANTANAL, CERRADO, MATA ATLÂNTICA, AMAZÔNIA, CAATINGA E PAMPAS. POSSUI TAMANHO MÉDIO E É RECONHECIDA POR SUA CAUDA LISTRADA, CORPO CINZA E ROSTO ESBRANQUIÇADO COM MARCAS PRETAS AO REDOR DOS OLHOS. TEM HÁBITOS NOTURNOS E VIVE SOZINHA, PERTO DE REGIÕES COM ÁGUA, PORQUE SE ALIMENTA DE PEIXES, ANFÍBIOS E FRUTOS.

INHAMBU
CRYPTURELLUS PARVIROSTRIS

O INHAMBU, TAMBÉM CONHECIDO COMO INHAMBU-CHORORÓ OU XORORÓ, É UMA AVE PEQUENA ENCONTRADA EM REGIÕES DO BRASIL, PERU, ARGENTINA E PARAGUAI. ELE MEDE CERCA DE 19 CENTÍMETROS E TEM PENAS DAS CORES CINZA E MARROM.

ESSA AVE É CONHECIDA PELO SEU CANTO, QUE É UMA SEQUÊNCIA DE NOTAS DECRESCENTES. ELE CANTA AO AMANHECER E AO ENTARDECER. ALIMENTA-SE DE SEMENTES E INSETOS. ALÉM DISSO, SE REPRODUZ COM FACILIDADE: AS FÊMEAS COLOCAM DE 4 A 5 OVOS POR VEZ E, DENTRO DE 20 DIAS, NASCEM NOVOS INHAMBUS.

IGUANARA E INHAMBU SÃO NOMES QUE COMEÇAM COM A **LETRA I**. VEJA OUTROS JEITOS DE ESCREVER A **LETRA I**:

I i *I i*

18   PÁGINA **DEZOITO**

JAGUATIRICA
LEOPARDUS PARDALIS

● **FICHA TÉCNICA**

PESO:

TAMANHO: O QUE COME:

A JAGUATIRICA É UM FELINO QUE MEDE APROXIMADAMENTE 100 CENTÍMETROS, É O TERCEIRO MAIOR MAMÍFERO DO CONTINENTE. ALIMENTA-SE DE ROEDORES, RÉPTEIS E AVES, E SE PARECE COM A ONÇA-PINTADA POR CAUSA DE SEU PELO COM MANCHAS AMARELAS E PRETAS. A JAGUATIRICA É UM ANIMAL SOLITÁRIO E VIVE NAS FLORESTAS. PODE PESAR ATÉ 20 QUILOS, ESCALA ÁRVORES E TAMBÉM SABE NADAR. GOSTA DE SAIR TANTO DURANTE O DIA QUANTO À NOITE. E É UMA ESPÉCIE CARNÍVORA.

JAGUATIRICA É UM NOME QUE COMEÇA COM A **LETRA J**. VEJA OUTROS JEITOS DE ESCREVER A **LETRA J**:

J j *J j*

PÁGINA **DEZENOVE**   19

Nas diversas situações de leitura e de escrita que podemos propor às crianças, é importante considerar os diferentes propósitos que orientam essas práticas: ler para desfrutar da leitura, para buscar informação, para seguir instruções, escrever para expressar sentimentos, para tentar modificar o comportamento de outros, para comunicar algo à distância.

> Preencher a ficha técnica envolve **localizar as informações** solicitadas no texto e **organizá-las** por escrito, nos espaços correspondentes. Para encaminhar essa tarefa, você pode organizar as crianças em duplas ou trios.

Ao buscar as informações necessárias, as crianças resolvem problemas de leitura, por exemplo, a informação compartilhada na leitura em voz alta do professor de que "a jaguatirica pesa 12 quilos e mede 140 centímetros" vai apoiar estratégias de leitura com intuito de procurar os números 12 e 140 e decidir que palavras do texto devem grifar para dar sentido a essas informações, como as palavras QUILOS, no primeiro caso, e CENTÍMETROS no segundo. O apoio está no interjogo entre antecipar e verificar, estratégias utilizadas nessas situações de leitura que favorecem o avanço da compreensão do sistema de escrita.

> Ao buscar as palavras "**roedores**", "**répteis**" e "**aves**" para grifar o que come a jaguatirica, as crianças podem se apoiar na **letra inicial** e utilizar palavras conhecidas, como a lista de nomes da classe, para orientar essa investigação.

Com algumas das fichas preenchidas, você pode selecionar duas ou três e convidar as crianças a comparar o tamanho ou a massa dos animais, decidindo, em cada comparação, qual o maior na grandeza em jogo.

É possível observar que, ao copiar essas informações na ficha técnica, as crianças também resolvem problemas de escrita, como controlar que parte já se escreveu e o que falta escrever. Sua intervenção nesses momentos é decisiva para ampliar as possibilidades de reflexão e ajudar as crianças a entender as relações entre oralidade e escrita: pergunte que parte da palavra já foi copiada, o que está escrito até ali, por exemplo.

> É importante lembrar que não se trata de exigir escritas perfeitas. O objetivo é convidar as crianças a **pensar sobre a escrita**, a fazer escolhas e a alimentar hipóteses, saberes e procedimentos. ▪

Páginas **20** e **21**

Na página 20, você pode propor que as crianças procurem descobrir, entre os dois nomes de animais, qual é "lobo-guará" e qual é "lobinho-do-pantanal". A escolha de "lobinho-do-pantanal" e "lobo-guará" se baseia na diferença entre a quantidade de letras de cada palavra: "lobinho-do-pantanal" é um nome mais extenso e dividido em três palavras, enquanto o nome "lobo-guará" divide-se em duas. Também entra em jogo sua sonoridade: a letra final dos nomes dos dois animais são diferentes, outro atributo que permite que sejam identificadas por crianças pequenas.

> É importante destacar que essas diferenças são **fundamentais**, pois oferecem apoio para que as crianças possam antecipar e verificar ao associar **sonoridade** com as **letras utilizadas**.

> ➕ Conforme nos aponta Castedo (1999), decidir qual é qual entre duas palavras é uma proposta que vale a pena ser retomada muitas vezes com as crianças nessa etapa final da Educação Infantil, pois convida-as a investigar as letras que compõem cada palavra num contexto pleno de sentido: elas sabem o que está escrito nas palavras, que uma é "lobinho-do-pantanal" e outra é "lobo-guará". Essa referência apoia a investigação das relações entre a sonoridade das palavras e sua escrita.

> 📄 Veja, na página 40 do Manual do Professor, uma intervenção possível quando as crianças devem decidir qual é qual entre duas palavras compostas, que contêm uma parte igual entre si e uma parte diferente.

39

Páginas **22** e **23**

Saber definir qual é qual, entre a onça-parda e a onça-pintada tem uma particularidade que obriga as crianças a investigar a relação pauta sonora e pauta escrita dentro das palavras: são palavras compostas em que a primeira parte é igual – "onça" –, e a segunda parte, embora diferente, começa e termina com as mesmas letras "p" e "a".

Para apoiar essa investigação, leia em **voz alta** os dois nomes, **sem indicar** onde estão escritos no texto e **sem apontar** para as imagens: nessa página há informações sobre dois animais – **onça-pintada** e **onça-parda** – vocês conseguem descobrir **onde está escrito** cada uma?

Caso alguma criança use as imagens como suporte para decidir qual é qual, pergunte, esquivando-se de validar ou não essa informação, como podemos afirmar isso mostrando as letras usadas na escrita de cada nome. O apoio da imagem sustenta a ação das crianças na resolução de uma tarefa difícil, mas não devemos dar por terminada a investigação a partir da informação da imagem.

Você pode copiar no quadro ONÇA-PINTADA e ONÇA-PARDA e ir encaminhando uma troca de ideias com as crianças sobre essas escritas. "Repararam que tem uma parte igual? Qual é a parte que se repete nos dois nomes?". A ideia é construir coletivamente a informação de que ali está escrito "onça".

- Vejam, nós descobrimos que aqui está escrito "ONÇA".
- Com que letra começa "onça"?
- Com que letra termina?
- Alguém pode vir aqui ler "onça", mostrando com o dedinho cada parte que leu?

40

Depois que todos estiverem certos de como se escreve "onça", você pode apontar para a segunda palavra de cada nome e dizer "uma dessas palavras é *parda*, outra é *pintada*, como podemos descobrir qual é qual?", "olhe como é o som de cada uma [repita as palavras], que letra tem em 'pintada' que não tem em 'parda'?", construindo, assim, no coletivo, a pista de que em "pintada" temos o som da letra "i" e que só há essa letra em uma das palavras. ■

Páginas 24 e 25

PAPAGAIO-DE-CARA-ROXA
AMAZONA BRASILIENSIS

● FICHA TÉCNICA

PESO:

TAMANHO:

O QUE COME:

A ESPÉCIE PAPAGAIO-DE-CARA-ROXA É ENCONTRADA NOS ESTADOS BRASILEIROS DO RIO GRANDE DO SUL, PARANÁ E SÃO PAULO. ESTE PAPAGAIO É RECONHECIDO PELAS SUAS PENAS MULTICOLORIDAS, QUE SÃO VERDES NO CORPO E ROXAS, AZUIS E VERMELHAS NA CABEÇA.

É UMA AVE QUE SE ALIMENTA DE LARVAS, INSETOS E FRUTAS. CONSTRÓI SEUS NINHOS EM ÁRVORES ALTAS, NORMALMENTE EM PALMEIRAS, E TEM PREFERÊNCIA PELAS REGIÕES DE MATA ATLÂNTICA. O PAPAGAIO-DE-CARA-ROXA PESA CERCA DE 400 GRAMAS E PODE MEDIR ATÉ 36 CENTÍMETROS.

PAPAGAIO-DE-CARA-ROXA É UM NOME QUE COMEÇA COM A **LETRA P**.

VEJA OUTROS JEITOS DE ESCREVER A **LETRA P**:

P p P p

24 — PÁGINA **VINTE E QUATRO**

QUATI
NASUA NASUA

O QUATI É UM MAMÍFERO PEQUENO, PARENTE DO GUAXINIM, EMBORA CONTE COM UM NARIZ MAIS COMPRIDO E UM CORPO MAIOR. ELE GOSTA DE ESCALAR ÁRVORES, E O FORMATO DAS SUAS PATAS O AJUDA BASTANTE NESSA TAREFA. PODE SER ENCONTRADO EM VÁRIAS REGIÕES DAS AMÉRICAS. ELE É ONÍVORO, OU SEJA, SE ALIMENTA DE VEGETAIS E OUTROS ANIMAIS E TEM HÁBITOS DIURNOS. NÃO GOSTA DE ÁGUA, MAS SABE NADAR SEM DIFICULDADES. DORME NO TOPO DAS ÁRVORES, ENROLADO COMO UMA BOLINHA.

QUERO-QUERO
VANELLUS CHILENSIS

O QUERO-QUERO, TAMBÉM CHAMADO DE TETÉU OU TERÉM-TERÉM, É UM PASSARINHO MUITO PRESENTE NA AMÉRICA DO SUL E EM ALGUMAS REGIÕES DA AMÉRICA CENTRAL. É UMA AVE COMPRIDA, MEDINDO CERCA DE 37 CENTÍMETROS, TEM PELOS CINZENTOS E OLHOS E PERNAS VERMELHOS. O QUERO-QUERO FAZ PARTE DA CULTURA POPULAR E JÁ FOI CITADO EM DIVERSAS LENDAS, CONTOS E MÚSICAS. SEU CANTO PODE SER INTERPRETADO COMO UM ALARME, POIS ELE É SEMPRE O PRIMEIRO A AVISAR SOBRE INTRUSOS ONDE ESTIVER.

QUATI E QUERO-QUERO SÃO NOMES QUE COMEÇAM COM A **LETRA Q**.

VEJA OUTROS JEITOS DE ESCREVER A **LETRA Q**:

Q q Q q

PÁGINA **VINTE E CINCO** — 25

Aprender a **ler** e a **escrever** é, sobretudo, um **projeto pessoal** da criança. Assim, é preciso considerar a **curiosidade** da criança como motor de seu **desenvolvimento**.

As crianças têm um modo próprio de significar o mundo. Ouvi-las com atenção, procurar compreender seu modo de pensar e as relações que estabelecem são atitudes essenciais para apoiar seu desenvolvimento e sua aprendizagem.

Ler sobre animais, para saber mais sobre eles, costuma interessar as crianças ávidas por conhecer melhor o mundo que as cerca. Assim, você pode organizar momentos para compartilhar a leitura de algumas páginas do Livro da Fauna como forma de instigar a curiosidade das crianças.

Como foi dito anteriormente, a leitura pode ter **diferentes propósitos**. Assim, você pode ler as informações sobre os animais em **ocasiões diferentes**, de acordo com seus **objetivos**.

Você pode, por exemplo, reservar uns minutinhos por dia para ler sobre um dos animais do livro. A cada dia, uma das crianças pode escolher o animal que deseja conhecer. Fazer a leitura em voz alta, enquanto cada criança acompanha em seu próprio livro, é uma forma gostosa de compartilhar a leitura. Dessa forma, as crianças podem se aproximar e conhecer melhor esse gênero textual.

➕ Indicadores de confiabilidade

Nós crescemos na cultura do livro e construímos indicadores que nos permitem saber antes de começar a ler que isso é uma revista, isso é um livro, isso é um jornal. E também podemos dizer "esse livro é sério". Pela maneira como é impresso, pelo desenho da capa, pela editora. Então, antes de começar a ler temos já uma série de antecipações sobre se vamos encontrar um livro com textos de ficção, com textos literários ou com textos informativos. E no caso dos textos informativos, podemos dizer se provavelmente a informação vai ser séria, responsável ou se é um lugar que apenas repete informações. Esses são os chamados indicadores de confiabilidade, que vão desde a aparência física do objeto, do autor, a editora, a tipografia utilizada, à qualidade do papel (FERREIRO, 2013, [s.p.]). ■

Páginas 26 e 27

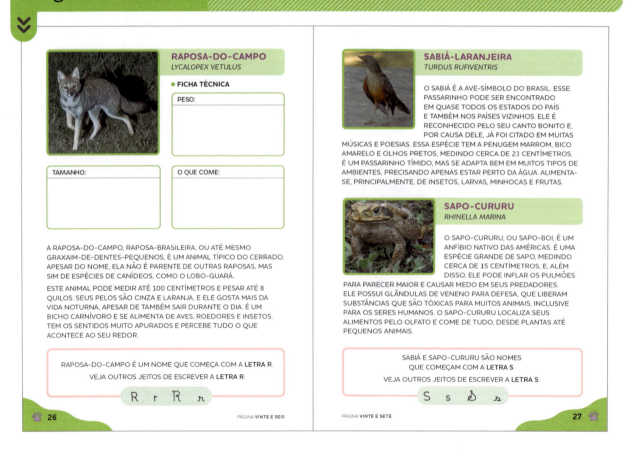

Ao explorar a Unidade 1 – Livro da Fauna com as crianças, além das atividades que discutimos até aqui, você pode propor investigações sobre os biomas em que vivem os animais que aparecem no livro. Também pode apresentar curiosidades sobre esses animais, alimentando o interesse das crianças sobre eles e ampliando as relações que estabelecem sobre as características de cada um.

Veja aqui algumas curiosidades interessantes para compartilhar com sua turma:

42

CURIOSIDADES:

1. A Harpia é uma das maiores e mais poderosas águias do mundo. (Disponível em: <bit.ly/3l1G51s>. Acesso em: 11 set. 2020.)

2. O inhambu-chororó foi imortalizado na composição de Athos Campos e Serrinha, nas vozes de Tonico e Tinoco. Dando inspiração e origem ao nome da dupla Chitãozinho e Xororó.

> Eu não troco o meu ranchinho marradinho de cipó
> Pruma casa na cidade, nem que seja bangalô
> Eu moro lá no deserto, sem vizinho, eu vivo só
> Só me alegra quando pia lá pra aqueles cafundó
>
> É o inhambu-chitã e o xororó
> É o inhambu-chitã e o xororó
> […]

3. O boto tem muitos dentes na sua boca: são 150! (Disponível em: <bit.ly/2Gefu2d>. Acesso em: 11 set. 2020.)

4. A doninha-amazônica é considerada o menor mamífero carnívoro do Brasil. (Disponível em: <bit.ly/3kVh3kI>. Acesso em: 11 set. 2020.)

5. Cuíca é um marsupial, assim como o canguru. (Disponível em: <bit.ly/3jeUEyp>. Acesso em: 11 set. 2020.)

6. A ema é a maior ave brasileira. Excelente corredora, é capaz de atingir até 60 quilômetros por hora quando perseguida. (Disponível em: <bit.ly/33i37eN>. Acesso em: 11 set. 2020.) Você pode cantar com as crianças a música de Jackson do Pandeiro, "O canto da ema" e pesquisar mais sobre a jurema.

Páginas 28 e 29

Segundo Molinari (2010), podemos elencar elementos que caracterizam boas intervenções docentes para distintas situações didáticas em que as crianças refletem sobre o funcionamento da base alfabética.

> Sempre que propor uma **situação de escrita**, é importante convidar as crianças a escrever "**da melhor maneira que podem**", pondo em jogo suas ideias sobre a escrita.

Escrever da melhor maneira possível

Ao procurar adotar o ponto de vista da criança, procurando conhecer a sua perspectiva frente às primeiras descobertas sobre a escrita, é possível compreender que elas realizam explorações ativas e conquistam formas simbólicas de interagir e conhecer as coisas do mundo segundo seus modos e interesses. Quando dizemos: *escreve do seu jeito, escreva o melhor que pode*, estamos dando à criança a liberdade de se expressar da forma que pode e de acordo com as suas possibilidades no momento (SCARPA, 2014, p. 229-230, grifos do original).

Outro aspecto importante é criar um ambiente de segurança e respeito de todos em direção às escritas dos demais e, para favorecer a circulação de informações que alimentem as hipóteses e estratégias das crianças, disponibilize ao alcance de todos fontes de informação escrita seguras existentes na classe.

Solicite que as crianças façam a leitura de suas produções acompanhando com o dedo o que estão lendo com o propósito de que possam ir controlando suas produções, relacionando os trechos escritos com sua leitura. Favoreça trocas de ideias e intercâmbios entre as crianças que se encontram em níveis próximos quanto as suas hipóteses e conhecimentos sobre a escrita, para que possam compartilhar informações que o outro pode desconhecer e outras vezes, pôr em discussão ou coordená-las quando as informações que se compartilham são diversas.

Sempre que necessário, forneça informação direta (por exemplo, informar a direção da escrita) ou indireta (se uma criança pergunta qual é o "TA", escreva outras palavras que comecem com essa sílaba, como TATU ou TAMANHO) para que a criança possa enfrentar o problema de selecionar da palavra que parte corresponde ao "TA", alimentando suas hipóteses e reflexões sobre o que se está escrevendo.

Tenha o hábito de solicitar que justifiquem suas decisões e de sistematizar com as crianças os aspectos que já tenham sido objeto da reflexão e consenso de todos. ■

UNIDADE 1 · CONCLUSÃO

Páginas **30** e **31**

A Unidade 1 – Livro da Fauna é uma boa oportunidade para criar contextos didáticos, para investigar e saber mais sobre o tema dos animais, ampliando os conhecimentos das crianças acerca do mundo natural e alimentando os processos de letramento.

Segundo Magda Soares, em entrevista ao site Desafios da Educação, é "difícil separar alfabetização de letramento, no estágio atual das teorias da leitura e da escrita: a alfabetização, segundo essas teorias, se desenvolve em contexto de letramento, que dá sentido ao aprender a ler e escrever, portanto, ser alfabetizado supõe ter também pelo menos algum nível de letramento" (SOARES, 2019).

As práticas sociais de leitura e escrita podem ser ensinadas no âmbito de projetos. Os projetos "tentam dar conta do caráter processual e complexo das práticas de leitura e escrita […] práticas que comprometem uma série de situações prolongadas, diferentes e recursivas, cuja natureza seria dificilmente captada por situações únicas e, menos ainda, pelos chamados exercícios escolares" (CASTEDO; MOLINARI, 2001, p. 18).

A partir do Livro da Fauna, você pode ampliar as investigações das crianças sobre animais.

Você pode organizar a **produção de uma enciclopédia** ou um diagrama sobre animais de um determinado bioma, como o marinho, ou sobre animais em extinção. A seguir, veja **alguns exemplos**.

45

1 Construir diagramas sobre mamíferos marinhos para uma exposição na escola.

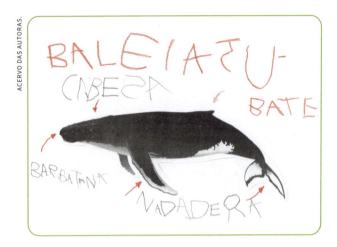

Uma possibilidade para a organização desses projetos é utilizar como material de consulta o guia ilustrado organizado pelo ICMBio/CMA, com o intuito de facilitar a identificação dos cetáceos e sirênios que ocorrem na costa brasileira.

O guia é um material completo, detalhado e ricamente ilustrado com detalhes das espécies, como características de nadadeiras, cauda, cabeça, dorso, a forma do borrifo, tipo de alimentação e a área de incidência na costa brasileira, entre outras informações. Ao observar a imagem com as crianças, vale fazer perguntas que as ajudem a estabelecer relações e ampliar a compreensão sobre o animal e, também, sobre a estrutura de uma ficha esquemática como essa.

Por exemplo, ao perguntar **"para que vocês acham que servem essas flechas?"**, e ouvir as hipóteses das crianças, você pode ler algumas das informações apresentadas e **conversar** sobre as partes do corpo desses animais.

> Confira a versão completa do **Guia Ilustrado de Identificação de Cetáceos e Sirênios do Brasil ICMBio/CM**A. (Disponível em: <bit.ly/2Gefu2d>. Acesso em: 29 ago. 2020.)

2 Construir coletivamente verbetes e ilustrações para organizar uma pequena enciclopédia sobre baleias, sintetizando as descobertas das crianças.

> Veja outras possibilidades para trabalhar a leitura e organizar a ficha técnica no material **Situações didáticas na alfabetização inicial, do Instituto Chapada de Educação e Pesquisa (ICEP)** (disponível em: <bit.ly/2Gl3Z9p>. Acesso em: 12 set. 2020).

Página 32

ZABELÊ
CRYPTURELLUS NOCTIVAGUS ZABELE

ZABELÊ, ZEBELÊ OU ZAMBELÊ: TODOS ESSES NOMES DENOMINAM ESTA AVE, QUE PODE SER ENCONTRADA NOS ESTADOS DE MINAS GERAIS E DA BAHIA, E ATÉ NOS DEMAIS ESTADOS DO NORDESTE DO BRASIL. É UM PÁSSARO PEQUENO E SEUS OVOS TÊM COR VERDE-ÁGUA. ESTA ESPÉCIE SE ALIMENTA PRINCIPALMENTE DE SEMENTES, FRUTAS PEQUENAS, INSETOS E ARTRÓPODES VARIADOS. É UMA AVE TÍPICA DA CAATINGA, E SEU CANTO TEM PIADOS FORTES, COM TRÊS A QUATRO NOTAS.

ZORRILHO
CONEPATUS CHINGA

O ZORRILHO É UM MAMÍFERO PEQUENO, COM PELAGEM ESPESSA PRETA E BRANCA E CAUDA PELUDA. ELE É CONFUNDIDO COM O GAMBÁ, MAS ELES SÃO DE FAMÍLIAS BEM DIFERENTES. ESSA CONFUSÃO SE DÁ PORQUE O ZORRILHO TEM GLÂNDULAS QUE ESGUICHAM UM LÍQUIDO TÓXICO E COM UM CHEIRO MUITO RUIM QUANDO ELE SE SENTE EM PERIGO.

ALÉM DESSA CARACTERÍSTICA DE DEFESA, ELE É UM ANIMAL SOLITÁRIO E NOTURNO QUE SE ALIMENTA PRINCIPALMENTE DE INSETOS, OVOS E FRUTAS. PODE SER ENCONTRADO NOS PAMPAS, EM VÁRIOS PAÍSES DA AMÉRICA DO SUL.

ZABELÊ E ZORRILHO SÃO NOMES QUE COMEÇAM COM A LETRA Z. VEJA OUTROS JEITOS DE ESCREVER A LETRA Z:

Z z ʒ ɀ

PÁGINA **TRINTA E DOIS**

Ao longo da exploração da Unidade 1 – Livro da Fauna com as crianças e da realização das propostas de leitura e escrita nela contextualizadas, cria-se um contexto favorável para a ampliação dos conhecimentos sobre o mundo natural e o desenvolvimento das habilidades e competências em numeracia e literacia. Nesse processo, sua intervenção é fundamental.

➕ O professor como mediador

O professor é um mediador privilegiado: é o único que sabe ler e escrever; as crianças sabem que seu professor possui esse conhecimento e que está ali para comunicá-lo. Por essa razão, é preciso encontrar estratégias que definam as crianças como aprendizes inteligentes, em que se valorize o que elas sabem. Se o professor evita conscientemente ser o único que tem todas as respostas e devolve problemas para que se analisem de forma coletiva; se mostra em ação que os usuários experientes apelam muitas vezes a informação que brinda a língua escrita para resolver problemas de escrita; se não valida de imediato as realizações corretas de algumas crianças, e sim que as submete ao debate no mesmo nível que os esforços de aproximação de outros; se possibilita que as crianças se impliquem efetivamente na revisão de suas produções e se adquiram ferramentas para controlá-las e corrigi-las, contribuirá para as crianças conquistarem a autonomia (CASTEDO; CURTER, 2007. p. 26, tradução nossa). ■

Página 33

GLOSSÁRIO

MAMÍFEROS: EM SUA MAIORIA, POSSUEM O CORPO COBERTO POR PELOS. ANTES DE NASCER, SE FORMAM DENTRO DA BARRIGA DE SUAS MÃES E, DEPOIS QUE NASCEM, MAMAM O LEITE PRODUZIDO POR ELAS. NÓS, OS HUMANOS, FAZEMOS PARTE DESSE GRUPO.

AVES: POSSUEM PENAS E OSSOS LEVES, CARACTERÍSTICAS QUE PERMITEM O VOO PARA A GRANDE MAIORIA DAS AVES. SEUS FILHOTES SE FORMAM DENTRO DE OVOS, FORA DO CORPO DA MÃE. AS AVES POSSUEM BICOS DE FORMATOS VARIADOS, DE ACORDO COM O QUE COMEM.

RÉPTEIS: SÃO ANIMAIS DE PELE COM ESCAMAS DURAS. MESMO QUE OS ADULTOS PASSEM MUITO TEMPO NA ÁGUA, OS FILHOTES NASCEM DE OVOS QUE SÃO POSTOS NA TERRA. A MAIORIA POSSUI PATAS CURTAS, O QUE FAZ COM QUE RASTEJEM FORA DA ÁGUA.

ANFÍBIOS: SÃO ANIMAIS QUE PASSAM PARTE DA VIDA DENTRO DA ÁGUA E PARTE FORA DELA, MAS SEMPRE EM LUGARES ÚMIDOS. COLOCAM SEUS OVOS NA ÁGUA, ONDE SEUS FILHOTES CRESCEM ATÉ FICAREM ADULTOS, QUANDO JÁ PODEM VIVER FORA DELA.

PEIXES: VIVEM NA ÁGUA E NELA COLOCAM SEUS OVOS, DE ONDE NASCEM SEUS FILHOTES. PARA RESPIRAR, POSSUEM BRÂNQUIAS E, PARA SE MOVIMENTAR, POSSUEM NADADEIRAS. FORAM OS PRIMEIROS VERTEBRADOS DO PLANETA TERRA. VERTEBRADOS SÃO ANIMAIS QUE TÊM OSSOS.

PÁGINA **TRINTA E TRÊS**

O glossário desta unidade é uma oportunidade para que as crianças tenham um contato inicial com os diferentes grupos de vertebrados que aparecem ao longo do Livro da Fauna. Após a leitura de um dos verbetes do glossário para as crianças, você pode sugerir que elas folheiem o livro e busquem animais daquele tipo. ■

UNIDADE 2 · INTRODUÇÃO

Páginas 34 e 35

A Unidade 2 – Eu e Você destaca as relações entre números, escrita e identidade no processo de aprendizagem das crianças. Dessa forma, favorece investigações que entrelaçam os Campos de Experiências:

- O eu, o outro e o nós.
- Escuta, fala, pensamento e imaginação.
- Espaços, tempos, quantidades, relações e transformações.

OBJETIVOS PEDAGÓGICOS

- Ampliar as relações interpessoais, desenvolvendo atitudes de participação e cooperação (**BNCC: EI03EO03**).
- Levantar hipóteses em relação à linguagem escrita, realizando registros de palavras e textos, por meio de escrita espontânea (**BNCC: EI03EF09**).
- Escrever o próprio nome (**PNA, 2019**).
- Expressar ideias, desejos e sentimentos sobre suas vivências, por meio da linguagem oral e escrita (**BNCC: EI03EF01**).
- Relacionar números às suas respectivas quantidades e identificar o antes, o depois e o entre em uma sequência (**BNCC: EI03ET07**).
- Expressar medidas (peso, altura etc.) (**BNCC: EI03ET08**).

Saber ler e escrever o próprio nome é um marco na história de aprendizagens de cada criança. O propósito de incluir o trabalho com o nome próprio na Educação Infantil não somente se circunscreve a ajudar as crianças a saber lê-lo e escrevê-lo convencionalmente, mas também a promover, por meio disso, o avanço na aprendizagem do sistema de escrita. Nesse sentido, Diana Grunfeld (2004), pesquisadora do processo de alfabetização, indica como é necessária a intervenção do professor para instaurar no seu grupo um trabalho de análise sistemática com o nome, tanto do ponto de vista quantitativo quanto qualitativo, para gerar avanços nas conceitualizações das crianças.

Para isso, o professor pode:

- Compartilhar seu processo de escrita com as crianças, escrevendo diante delas e narrando o que faz;
- convidar as crianças a comparar suas produções com o cartão de nome correspondente;
- perguntar às crianças o que já escreveram até o momento enquanto elas escrevem, para ajudá-las a sustentar a produção de suas escritas.

Nas situações de leitura, o professor procura fazer perguntas que favoreçam reflexões sobre o sistema de escrita:

- Como você sabe que aqui está escrito seu nome?
- Quais nomes da turma iniciam pela mesma letra?
- Aqui está escrito Maria e Mariana, como saber qual é Maria e qual é Mariana?
- Quais outros nomes começam (ou terminam) como o seu?

> É importante que as **situações de leitura e escrita** do nome próprio estejam orientadas por **propósitos sociais reais** para que não se convertam em um mero exercício: "ler por ler", "copiar por copiar".

Assim, delimitar os espaços onde as crianças podem guardar seus materiais de uso pessoal, como cabides de mochilas ou escaninhos, é uma forma de propor a leitura do nome próprio diariamente.

> A letra mais adequada para escrever os nomes é a de **IMPRENSA MAIÚSCULA**, que é uma letra conhecida pelas crianças, por ter um traçado simples e único.

Além das situações de escrita, algumas atividades apresentadas nesta unidade propõe uma reflexão sobre o sistema de numeração. Obviamente, não é esperado que as crianças escrevam e leiam todos os números convencionalmente na Educação Infantil, trata-se de propor situações em que possam utilizar os números em diversos contextos e funções sociais.

Ao propor situações em que as crianças usem os números em diferentes contextos, elas podem compreender que os números são usados de diferentes maneiras e que "servem" para muitas situações. Podem indicar:

- a data de um aniversário;
- o número de um telefone;
- a quantidade de bombons de um pacote;
- o preço de um produto;
- um canal de TV;
- a ordem em que serão atendidas as pessoas que estão aguardando em uma fila.

Se pararmos para pensar o que o símbolo **3** representa, por exemplo, não há uma resposta única e, dependendo do contexto, pode representar coisas diferentes:

- fazer parte de um número de telefone: 91857-624**3**;
- ser o número de uma casa: 2**3**0;
- indicar a idade de alguém: **3** anos;
- indicar o dia ou o mês de um aniversário: **3**/3;
- indicar o peso (massa) de um produto: **3**00 gramas.

Mesmo quando o **3** representa quantidade, nem sempre indica o mesmo valor:

- **3** bolinhas de gude
- **3**0 bolinhas de gude
- **3**00 bolinhas de gude

Isso ocorre pois nosso sistema é posicional e em base 10, isto é, as diferentes posições que o algarismo ocupa no número indicam a multiplicação por uma determinada potência de 10. Para que as crianças possam se aproximar desse complexo sistema que utilizamos socialmente, precisam usá-los em situações carregadas de sentido.

Interagir diariamente com diferentes usos sociais dos números pode favorecer que as crianças tomem consciência de suas diferentes funções, que avancem na contagem, que comecem a elaborar ideias sobre como se escreve e como se lê alguns números, que observem algumas regularidades sobre a escrita ou o nome dos números, que comecem a ter certas ideias acerca da quantidade de algarismos ou que memorizem a escrita e o nome de alguns números. ■

UNIDADE 2 · PÁGINA A PÁGINA

Página 36

EU E O OUTRO: NOME PRÓPRIO

Desde o nascimento, o nome permeia as relações das crianças com as pessoas que a cercam. O nome de cada uma delas é sua marca na vida. Com base em um trabalho intencional do professor, a lista de nomes da turma pode se constituir em palavras estáveis, ou seja, elas oferecem às crianças algumas relações seguras sobre o sistema de escrita. Por isso, é importante que o nome delas esteja presente nas salas de aula em crachás, listas e etiquetas, que, quando usados com frequência, dão apoio para que a criança escreva seu próprio nome.

Na escola, os nomes estão na lista de chamada, marcam os pertences de cada um, identificam desenhos e produções. Por isso, o nome próprio – o seu, em primeiro lugar, mas também o dos colegas – é um texto que marca sua identidade e um contexto privilegiado para que pensem sobre o funcionamento do sistema de escrita.

Nessa página, apresentamos a história de Arthur, compartilhando com as crianças diferentes escritas que ele fez de seu nome ao longo de um ano. Dar destaque a essas escritas, além de tornar visível a evolução de um processo de aprendizagem, é uma forma de legitimar, para as crianças da sua turma, as escritas provisórias do próprio nome.

É interessante propor uma roda de conversa com as crianças, convidando-as a estabelecer um diálogo com o que é contado no livro, com comentários e perguntas como: "Arthur lembra que aprendeu a escrever seu nome com 5 anos e compartilha conosco algumas escritas que fez de seu nome. Aqui, na nossa turma, vocês também estão aprendendo a escrever seus nomes cada vez melhor."; "Vocês viram como essa escrita (aponte a de número 1) é bem diferente dessa outra (aponte a de número 5)? O que vocês acham que aconteceu?"; "Observem as escritas do nome de Arthur. Em todas elas aparecem todas as letras do nome dele? O que foi mudando ao longo do tempo?".

O objetivo é perceber que, embora desde a segunda escrita Arthur já colocasse todas as letras de seu nome, ele foi fazendo descobertas quanto ao traçado e posição das letras e à ordem em que elas aparecem.

Você pode destacar os **diferentes conhecimentos** envolvidos na escrita do próprio nome: **conhecer as letras** que fazem parte do nome, saber **como escrevê-las**, saber a **ordem** em que as letras devem aparecer na escrita, entre outros. ■

Documentar a aprendizagem das crianças é importante tanto para que você possa avaliar a aprendizagem delas como para tornar observável para a própria criança o quanto ela aprendeu.

Nesta página, há um convite para que as crianças da sua turma escrevam o próprio nome em diferentes momentos do ano. É importante prever, no seu planejamento, datas ao longo do ano para essas escritas, espaçando-as a cada dois meses para que as mudanças entre as produções possam ser observadas. Você pode, por exemplo, solicitar essas escritas em fevereiro, abril, junho, setembro e novembro.

Os nomes das crianças são palavras estáveis – sempre presentes, servem de **referência** e **repertório**.

Nas situações de leitura e escrita de nomes, mesmo que as crianças o façam de forma não convencional, elas começam a perceber algumas regularidades, como a presença das mesmas letras, na mesma ordem, letras comuns entre um nome e outro, tendo elementos para fazer suas primeiras antecipações sobre o que está escrito. Para que as crianças reflitam sobre a escrita dos nomes e observem o que diferencia um do outro, é essencial que os nomes não estejam acompanhados de fotos e desenhos nas listas e cartões. É importante também não separar os nomes de meninos e de meninas, escrevendo-os sempre com a mesma cor e mesmo tipo de letra.

Situações em que a intencionalidade educativa do professor é essencial:

- desafiando as crianças a ler os nomes que estão numa lista ou cartões para realizar a chamada;
- criando situações de troca de ideias;
- compartilhando descobertas e alimentando o percurso reflexivo de cada criança.

É interessante ler esse texto em voz alta para a turma e propor uma roda de conversa a partir dele, convidando as crianças a compartilhar o que acharam da história de Arthur, estabelecendo relações com sua própria experiência. Para fomentar essa conversa, você pode fazer a pergunta: "Como você gosta de ser chamado pelos colegas?".

Esse é um momento importante para **criar empatia** entre as crianças, para que compartilhem suas **histórias**, **sentimentos** e **emoções**.

As rodas de conversa são propostas que devem estar presentes no cotidiano da Educação Infantil, período em que as crianças passam por um percurso importante de aprendizagem e desenvolvimento da linguagem oral. Conversar é uma grande conquista e um espaço para muitas descobertas.

Para estabelecer um diálogo com as crianças pequenas, é preciso **ouvi-las**, **em primeiro lugar**, e levar em consideração o que estão dizendo, **procurando entender** relações estabelecidas.

Conversando, construímos laços de empatia, aprendemos a considerar o ponto de vista dos outros, a narrar um acontecimento sem omitir fatos importantes, a explicar uma ideia e defender um ponto de vista, e aprendemos a compreender e levar em conta pontos de vista de colegas.

Página 38

Nesta página, Arthur compartilha com as crianças histórias de quando ele próprio era pequeno: como gostava de ser chamado pelos amigos e como não gostava que seu primo o chamasse.

➕ Bater um papo [conversar] é um dos poucos prazeres que não exige outro investimento além do tempo. Vale a pena recuperar essa velha arte para que possamos voltar a nos sentir humanos (MIRALLES, 2015, tradução nossa).

Página 39

Nessa atividade, algumas escritas (palavras e números) são solicitadas para as crianças:

- Escrever o próprio nome;
- Escrever como gosta de ser chamado(a);
- Anotar o dia em que nasceu;
- Anotar o nome da cidade em que nasceu.

Essas escritas são fortemente permeadas pela identidade pessoal de cada um. Por isso, a proposta é, como na página anterior, que essas escritas convidem a novas rodas de conversa e, assim, estreitem os laços do grupo.

É importante destacar que **não é** esperado que as crianças produzam escritas convencionais.

Ao escrever cada uma dessas informações, as crianças podem refletir sobre as regularidades do sistema de escrita e sobre uma das funções numéricas, colocando em jogo ideias e hipóteses. Nessa etapa, a escrita é altamente conceitual, demandando energia e concentração das crianças.

Por isso, o ideal é propor uma escrita por vez ou em duas etapas:

1. escrita do próprio nome e de como gosta de ser chamado;
2. escrita do dia em que nasceu e da cidade em que nasceu.

Página 40

Nas atividades das páginas 40 e 41, a história de Arthur é retomada com informações sobre com quem e onde mora. Arthur mora na cidade de Salvador, na rua da Poesia, em Itapuã, onde ocorre uma feira muito conhecida. Conversar com as crianças sobre essas informações pessoais é uma forma de conhecer melhor a si mesmo e ao outro.

Página **41**

> [VAMOS OBSERVAR UM POUCO MAIS SOBRE ONDE MORAMOS E COM QUEM, PARA COMPARTILHAR COM OS COLEGAS?]

NOME DA MINHA RUA

NÚMERO DA CASA ONDE EU MORO

NOMES DAS PESSOAS QUE MORAM COMIGO

PÁGINA QUARENTA E UM — 41

Aqui, convidamos as crianças a outras escritas de enorme valor pessoal: o nome da rua e o número da casa em que moram, e o nome das pessoas que vivem com ela. As duas primeiras localizam o espaço da casa da criança no mundo físico, já a terceira localiza as crianças no mundo dos afetos familiares.

Propor escritas como essas, que convidam a interlocuções com as relações entre "o eu, o outro e nós", um dos Campos de Experiências da Educação Infantil, fundamenta-se no cuidado em permear as investigações sobre o sistema de escrita – e o desvendar de suas relações – de conteúdos significativos para as crianças.

Como a maioria das crianças não escreve convencionalmente na Educação Infantil, no momento de escrita do endereço, por exemplo, você pode atuar como escriba ou enviar o livro para a casa das crianças e pedir para que um de seus familiares a ajude. Nesse tipo de situação, a criança diz o nome de sua rua e um adulto escreve, mas o que está escrito pode ser acessado por ela, pois, como foi ela quem ditou, saberá o teor do que está escrito ali.

> Já nas propostas que envolvem anotar o **número de sua casa** (ou prédio) e fazer a **lista de nomes** de quem mora com elas, as crianças podem atuar de maneira **mais autônoma**.

Para anotar o número de sua casa ou prédio, as crianças podem observar e copiar o número que está anotado na placa ou na parede de onde mora. Para isso, é importante combinar a realização dessa tarefa com os familiares.

A escrita de nomes em uma lista favorece que as crianças usem os conhecimentos que possuem sobre a escrita, que pensem sobre quais letras colocar, que estabeleçam relações entre os nomes que devem escrever, seu próprio nome e de seus colegas de sala. Você pode ajudá-las selecionando cartões com nomes que podem ser úteis para apoiar a escrita dos nomes de seus familiares. Por exemplo, se há na sala um MANUEL e a criança precisa escrever MARIA, o nome de um familiar, você pode perguntar: *Qual nome da nossa turma começa igual ao nome de Maria?* A criança pode usar o cartão com o nome "Manuel" para escrever o MA de Maria, resolvendo um problema conceitual importante no processo de alfabetização: decidir o quanto tem que copiar de MANUEL para ter escrito o MA de MARIA.

> É importante ter a clareza de que se tratam de **escritas provisórias,** pois o objetivo não é a perfeição, mas sim o convite à **reflexão** sobre como se escreve.

Assim, em vez de corrigir o erro, o caminho é convidar a criança a ler sua produção, marcando com o dedo as partes lidas a cada momento, para que possa se decidir sobre o que está a mais, ou o que falta, controlando de forma cada vez mais intencional seu processo de escrita.

Nomes em cartões

– Qual é o cartão com meu nome?

É fundamental que cada criança saiba o que está escrito em seu cartão, porque muitas vezes estabelece uma relação de identidade com ele. Tanto o dono como o grupo sabem de quem é, embora acreditem que ali diga algo diferente do que está escrito – às vezes, depois de usar o cartão durante vários meses, a professora descobre que Jorge, em cujo cartão está escrito JORGE M, acredita que seja "Jorge Martins", e Teca, em cujo cartão está escrito TECA, pensa que está escrito "Teresa".

Claro que é muito importante a relação e identidade que as crianças estabelecem com os cartões, mas se elas supõem que contenha algo diferente do que está escrito, esse material torna-se pouco útil para avançar no aprendizado da leitura e da escrita.

Fichários. Se na classe há 20 ou 30 crianças, e é a primeira vez que se utilizam os cartões, fazemos fichários. Isto é, colocamos [alguns] cartões em cada caixa para que, quando a criança tenha de procurar o seu, não tenha de encontrá-lo no meio de todos [...]. Naturalmente os fichários estão num lugar sempre ao alcance delas. A professora também incorpora um cartão com seu próprio nome, que será utilizado em muitas situações, por exemplo, quando os nomes forem comparados também com o da professora – por que não? (NEMIROVSKY, 1996, p. 238).

É importante que você confeccione os cartões para que funcionem como uma referência para as crianças. Você pode usar cartolina de uma mesma cor e do mesmo tamanho, com texto alinhado à esquerda para favorecer comparações entre qual cartão tem mais e qual tem menos letras. É fundamental que os cartões não tenham ilustrações ou fotos que os diferenciem entre si. Assim, a criança se apoiará na escrita do nome para distingui-los.

A letra mais adequada para escrever os nomes é a letra de imprensa maiúscula, que é uma letra conhecida pelas crianças, por ter um traçado simples e único. A letra de imprensa comum e a letra cursiva trazem muita variação e demandam que a criança se atente a aspectos que não são essenciais nesse momento. No caso da cursiva, é difícil distinguir onde acaba uma letra e onde começa outra.

É possível propor que as crianças localizem seu próprio nome para marcar sua presença ou anotá-lo em suas produções diárias.

Uma possibilidade para trabalhar com a **leitura dos nomes** de forma significativa é propor que as crianças busquem seu nome entre outros, para fazer a **lista de presença** diária (ou chamada). Para isso, os **cartões com os nomes** podem ser organizados sobre as mesas ou em fichários.

Outra possibilidade é organizar um trabalho em subgrupos, indicando o lugar que cada criança deve se sentar por meio dos cartões de nome. Dispor o cartão de uma criança junto com os de quatro ou cinco colegas ajuda a delimitar o desafio. O professor mostra a cada aluno em que mesa está seu cartão e diz quais nomes estão naquela mesa sem indicar qual é o dela. Assim, o desafio de leitura que se coloca é identificar onde está escrito seu nome. ■

Página 42

São muitas as possibilidades de a criança investigar as regras e as regularidades do sistema numérico. Atividades centradas na comparação e ordenação dos números favorecem que as crianças construam hipóteses sobre o funcionamento do sistema de numeração.

Para realizar essa atividade, você pode pedir que as crianças observem a numeração da rua onde moram ou da escola e descubram quais números estão nas casas, prédios ou outros estabelecimentos da rua. Pode propor que registrem o número de suas casas e de seus vizinhos. De volta à escola, vale conversar com as crianças sobre os números que observaram e sobre a ordenação dos números em uma rua.

Propor que decidam em qual casa colocar os números "35", "324" e "10", convida as crianças a pensar qual número é maior ou menor, ou *qual vem antes* ou *qual vem depois*. Embora seja esperado que as crianças não conheçam esses números nem saibam seus nomes, é possível propor que reflitam sobre critérios para decidir qual é maior.

Para decidir qual é o número maior, é provável que algumas crianças se apoiem na relação entre a quantidade de algarismos e a grandeza de um número.

> Tomar como ponto de partida a interação com a numeração escrita – esse objeto sociocultural com o qual as crianças estão em contato desde muito antes de ingressar na escola e acerca do qual elaboram conceitualizações próprias – significa propor situações didáticas que levam os alunos a produzir e interpretar notações (ainda que não o façam convencionalmente), a compará-las e ordená-las, a utilizá-las para resolver operações (LERNER, 2007, p. 61).

Ao comparar dois números com a mesma quantidade de algarismos, como 10 e 35, as crianças podem argumentar "este é maior (apontando o número 35), porque o 3 é maior que o 1", ou podem se apoiar na contagem e afirmar "este é maior (apontando o número 35) porque vem depois".

> Mesmo sem saber ler os números, elas elaboram a **hipótese** de que os algarismos "valem" diferente se estão em lugares diferentes.

Essas hipóteses das crianças não deixam de ser uma provocação que nos leva a pensar como são arbitrárias certas decisões curriculares que ditam regras, como "ensinar os números de 1 a 10 na Educação Infantil", a despeito da observação das crianças e da forma como pensam e aprendem. Ao fixar um intervalo que exclui as regularidades inerentes ao sistema numérico, são limitadas as possibilidades de se pensar sobre ele. Se, na Educação Infantil, só forem apresentados os números de 1 a 10, as crianças não poderão colocar em jogo tais conhecimentos e não chegarão a utilizar o critério da quantidade de algarismos para saber se um número é maior ou menor do que outro.

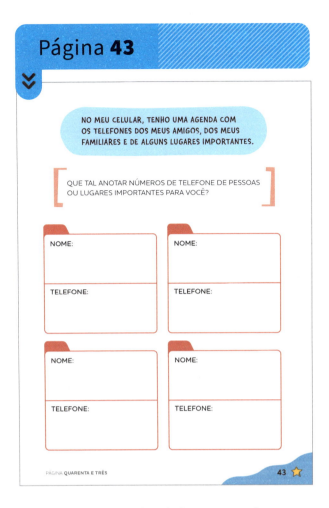

colocamos 81 ou 11 (números que indicam o DDD de Recife e São Paulo, respectivamente) antes dos números de alguns telefones?

O número de telefone é um contexto para as crianças explorarem uma das funções numéricas, os números como códigos.

As crianças podem levar o **livro** para casa e, com a ajuda de um adulto, anotar os **nomes e números de telefone** de pessoas ou lugares **significativos** para ela.

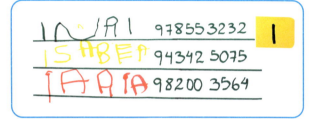

Fazer uma agenda telefônica é um bom contexto para escrever nomes, números e trabalhar a ordem alfabética.

> A elaboração de agendas de telefones dos colegas ou de outros telefones importantes é uma oportunidade para se referir à escrita e à escrita e ao nome dos algarismos. Estes números, em geral, são nomeados com base nos algarismos que os compõem. Ninguém diz "quatro mil seiscentos e cinquenta e oito" para se referir à característica de seu número de telefone, mas sim "quatro, seis, cinco, oito". É importante observar que os números de telefone se encontram fora de um contexto de cardinalidade, isto é, não se referem a "quantos" (QUARANTA; MORENO, 2005, p. 45, tradução nossa).

É interessante também investigar particularidades que indicam o início de alguns números de telefone: por exemplo, o que significa quando o primeiro número do telefone é 9 (número que indica tratar-se de um celular)? Ou porque

Para trabalhar a ideia de número como memória de quantidade, será necessário propor a escrita de números em outros contextos que se referem ao número de elementos em uma coleção, por exemplo, registrando a pontuação de um jogo ou anotando quantas peças tem um quebra-cabeças para poder conferir se está completo. ■

57

Página 44

Como apresentado anteriormente, uma grande quantidade de investigações e experiências didáticas permitiram identificar que crianças elaboram conhecimentos acerca do sistema de numeração antes mesmo de ingressar na escola. Delia Lerner e Patrícia Sadovsky (1996, p. 73-155) revelaram algumas hipóteses que as crianças constroem no processo de apropriação da numeração escrita. As autoras destacam que o emprego de alguns critérios de comparação de números altos não depende de as crianças conhecerem o nome dos números envolvidos. Podem afirmar, por exemplo, que

423659 é maior que 3623, **porque tem mais** ou **porque é mais comprido**. Isto é, são argumentos que não se apoiam na leitura convencional dos números.

Nas atividades das páginas 44-46, as crianças são convidadas a comparar as alturas e registrar medidas pessoais a partir da história compartilhada por Arthur, sobre as medidas dele de quando era uma criança de 5 anos e suas medidas agora, que já tem 28 anos de idade.

É interessante ler esse texto em voz alta para sua turma e propor uma **roda de conversa** a partir dele, convidando as crianças a falar sobre quanto já cresceram e a investigar quais são suas medidas hoje.

Após essa primeira conversa, convide as crianças a comparar as alturas de ISAÍAS (108 centímetros), RAFAEL (99 centímetros) e ARTHUR (115 centímetros) quando tinham 5 anos.

> Como apresentamos na página anterior, as crianças podem se valer de **indícios quantitativos** (quantos algarismos um número tem) e de **indícios qualitativos** (o valor posicional dos números) para decidir em cada caso qual é o maior e qual é o menor.

A altura de Rafael, 99 centímetros, se escreve com dois algarismos, por isso é possível que as crianças se apoiem nesse fato para decidir que se trata da menor altura, em comparação com as demais.

Para comparar as alturas de Isaías e Arthur, números com a mesma quantidade de algarismo (108 e 115 centímetros, respectivamente) as crianças vão precisar refletir sobre o valor posicional dos algarismos. Podem fazer isso apoiados na designação oral desses números ("cento e oito" e "cento e quinze") e decidir que, como 15 é maior que 8, 115 é a maior altura. É possível que afirmem, por exemplo, que 115 é maior que 108 "porque aqui tem o 1 (apontando para o 1 que ocupa a casa das dezenas) e aqui tem o 0 (apontando para o 0 que ocupa a casa das dezenas), e 1 é maior que 0". A utilização desse critério pelas crianças – mesmo quando ainda não conhecem as razões que explicam esse fato – envolve a atribuição implícita de um valor relativo do algarismo de acordo com sua posição dentro do número.

> Outra possibilidade é propor que consultem uma **fita métrica** e procurem onde está a **altura de cada criança**. Assim, podem achar 108 e observar que o 115 aparece mais à frente na fita, sendo maior por isso. ∎

A atividade proposta na página 45 envolve a ação de medir. O ensino das medidas na Educação Infantil tem como objetivo principal que as crianças possam se aproximar das práticas sociais da medida, explorando diferentes usos dos números.

> Na educação infantil é frequente escutar das crianças expressões como: "Eu chutei mais longe"; "minha torre é mais alta"; "esta caixa pesa uns mil quilos"; etc. Estas verbalizações evidenciam que as crianças dispõem de um inicial vocabulário ligado às medições e certos conhecimentos vinculados às mesmas.
> O uso cotidiano que os adultos fazem (mesmo sem perceber) do vocabulário específico é uma das razões pelas quais as crianças começam a incorporar conhecimentos relativos às medidas. Por exemplo, muitas vezes se diz em sala: "falta meia hora para a hora do lanche"; "a semana que vem vamos fazer um passeio à praça"; etc. Também, fora do contexto escolar, participam de práticas nas quais escutam: "me dá meio quilo de pão"; "compramos o refrigerante de dois litros"; etc. (QUARANTA; MORENO, 2009, p. 63, tradução nossa).

Para encaminhar as atividades das páginas 45-46, que convidam as crianças a investigar suas medidas pessoais, você pode disponibilizar fitas métricas, trazer uma balança para a sala de aula e convidar todos a verificar o número do sapato e a contar os dentes.

> Caso não haja possibilidade de fazer essas medições na sala, **peça às famílias** que enviem as informações por escrito e oriente as crianças a **completar a ficha**. ∎

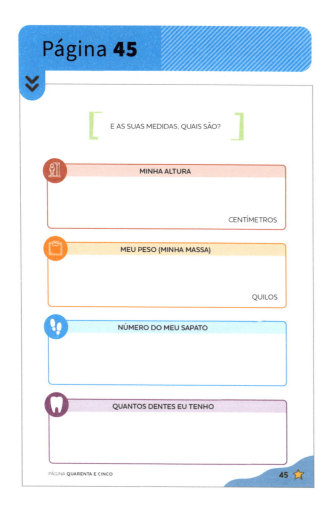

Com as fichas da página 45 completas, você pode organizar uma conversa sobre quais números permanecerão iguais e quais mudarão quando estiverem no 1º ano.

É interessante escutar as ideias das crianças sobre por que acham que alguns números mudarão e outros não, conversando sobre a característica e a função de cada número que anotaram.

Dessa forma, é possível discutir as **medidas corporais** e como elas se **transformam** durante a fase de **crescimento** das crianças.

Pode ser interessante perguntar para elas como ficarão esses números, por exemplo: "se hoje você tem 5 anos, quantos anos terá no 1º ano?" ou "se hoje o número do seu sapato é 25, qual número você acha que seu sapato terá quando estiver no 1º ano? Você acha que calçará mais ou menos que 25?". Para responder a essas perguntas, em alguns casos, as crianças poderão dar um número exato, como em relação à idade, e, em outros, fazer uma estimativa, como em relação ao número do sapato.

O **mais interessante** é ouvir as crianças e perguntar **em que se apoiaram** para responder às perguntas: "por que você acha que terá 6 anos?", "por que você acha que calçará 27?".

Ao trabalhar com medidas na Educação Infantil, é interessante propor problemas que permitam relativizar algumas certezas das crianças: como "grande" e "pequeno" dependem de um objeto tomado como referência, por exemplo. Da mesma forma, "muito" e "pouco", "alto" e "baixo", "comprido" e "curto". ∎

As atividades dessa página convidam as crianças a uma importante investigação: o que pode significar um número alto como 478? Qual o maior número que conseguem escrever?

> É importante **ler o enunciado** para a turma e **explicar** a proposta da atividade: as crianças vão **analisar**, em cada imagem, os números que podem estar em jogo ali, **estabelecendo intervalos possíveis** para os números em cada situação.

Vale a pena compartilhar esses intervalos numa roda de conversa, construindo critérios para decidir entre todos, em cada caso, a viabilidade do número 478:

- **Pode ser um número de sapato?** Para descartar essa possibilidade, pode-se conversar sobre os números dos sapatos deles e dos adultos da escola e de casa.
- **Pode ser o número de uma casa?** Aqui é provável que as crianças tenham observado números grandes em algumas casas de sua cidade, o que ajuda a comprovar essa hipótese.
- **Pode ser a altura de uma criança?** Para descartar essa possibilidade, propor que consultem a altura que anotaram na página 45. Depois, pode-se medir um adulto da escola com a fita métrica.

Leia em voz alta a segunda atividade, convidando as crianças a pensar em um número muito alto e a escrevê-lo. Ao final dessa escrita, é importante convidar as crianças a comparar suas produções, desafiando-as a criar critérios para decidir entre elas qual foi o maior número escrito.

O maior número do mundo

Depois de propor várias situações que as crianças usaram os números em diferentes contextos como calendário, fita métrica e jogos variados, pedi que as crianças sentassem frente a frente com um colega e que realizassem um novo jogo. Cada um deveria pensar em um número muito alto, e escrever o maior número que pudesse.

Depois, deveriam compará-lo com o de seu colega. Ganharia o jogo aquele que escrevesse o maior número. Como sabemos, em um sistema de numeração posicional como o nosso se obtém o valor de cada algarismo multiplicando-o por uma determinada potência da base, no nosso caso, 10. Assim, se um número tem maior quantidade de algarismos que outro, sua decomposição envolve potências de dez de "maior grau", e consequentemente é maior que o outro. Sem conhecer essa regra, Ivo preenche todos os espaços de sua folha com algarismos, para escrever "o maior número possível" (MONTEIRO, 2010, [s.p.]).

A imagem que aparece nessa página é uma gravura em metal de Paulo Monteiro, pintor, desenhista e escultor brasileiro, nascido em São Paulo, em 1961.

Nessa obra de Paulo Monteiro, *Ônibus* (1983), vemos três passageiros sentados nos bancos, que estão vazios ao lado deles. Vemos o tronco e os braços de um passageiro em pé, e apenas o braço de outro passageiro, também em pé.

Uma pessoa está passando na rua, talvez aguardando outro ônibus que virá. Essas seis pessoas que podemos ver na cena parecem melancólicas e cansadas.

A obra expressa a **dificuldade de se transportar** nas **grandes cidades**, ao fim de um cansativo **dia de trabalho**.

Em 1983, Paulo criou, com os amigos Fábio Miguez, Rodrigo Andrade, Carlito Carvalhosa e Nuno Ramos, o grupo Casa 7, uma alusão ao número da casa em que ficava o ateliê desse coletivo. Em 1985, o grupo foi convidado a participar da XVIII Bienal de São Paulo e se tornou conhecido em todo Brasil.

Vale a pena explorar essa e outras obras desse artista com as crianças, como as disponíveis na Enciclopédia Itaú Cultural: <bit.ly/3jFCoyc> (acesso em 06 out. 2020).

Quando contemplamos uma **obra de arte**, em primeiro lugar devemos ser **sinceros** para localizar o **sentimento** que ela nos proporciona. Deixar o olhar percorrer o quadro, **sem se preocupar** com uma interpretação específica.

Quando já tivemos contato com a técnica que o artista utilizou para realizar a obra, fica mais fácil compreender os procedimentos que conduziram o processo de criação. E proporcionar para as crianças atividades que envolvam essa determinada técnica ou semelhante, para que elas criem os próprios procedimentos.

Devemos sempre lembrar que, em torno dos 5 anos de idade, não devemos esperar das crianças domínio da forma. O mais importante é a pesquisa e a exploração dos recursos que uma determinada técnica oferece.

Nessa página, podemos propor para o grupo de crianças três etapas de trabalho:

- uma conversa na roda sobre o meio de transporte que elas costumam pegar para ir à escola;
- uma apreciação, ainda na roda, da obra Ônibus, na qual cada uma das crianças pode apontar seu ponto de vista sobre a imagem;
- e uma atividade de desenho, com lápis e caneta pretos, com o tema "meio de transporte que ela costuma usar para ir à escola". ∎

62

Página 49

Para a atividade da página 49, a proposta é levantar alguns conhecimentos que as crianças têm sobre os números em contextos variados.

Verifique se elas identificam as escritas **numéricas** e **discuta cada cena**, para que possam notar os diferentes **usos** e **funções** dos números.

À medida que as crianças forem identificando os números, questione-as sobre a função deles na ilustração de cada ilustração. Leia as alternativas abaixo de cada imagem e converse com as crianças sobre a função do número nos casos apresentados.

Além desses, existem outros contextos com números que podem ser discutidos com a turma.

> As crianças, desde bem pequenas, podem e devem utilizar os números em diferentes contextos. Ao propor diferentes tipos de problema em que as crianças utilizem os conhecimentos que possuem, o professor pode propiciar a difusão das experiências numéricas de cada criança e fazer circular informação para que todos avancem em suas aprendizagens. Trabalhar com números que fazem parte do cotidiano das crianças como preços, idades, datas, medidas etc. é fundamental por, além de atribuir sentido, fazê-las compreender os números em diferentes contextos. Trabalhar com números fora de contexto também é significativo, pois os problemas cognitivos apresentados são os mesmos, e a interação direta com os números coloca em primeiro plano o trabalho com o sistema de numeração (MONTEIRO, 2010, p. [s.p.]). ∎

Página 50

As atividades propostas nas páginas 50-51 propõem um diálogo com o livro *Alice no País das Maravilhas* (1865), de Lewis Carroll, uma das obras primas da literatura infantil mundial. Você

63

conhece esse livro? Confira uma amostra da obra no seguinte link: <bit.ly/2SaaXR3> (Acesso em 11 set. 2020).

Se você dispor de um exemplar na biblioteca da escola, na biblioteca da sua cidade ou em sua casa, uma boa proposta é ler o livro em voz alta para as crianças, podendo ser um capítulo ou um trecho de capítulo por dia. Se você escolher ler um trecho por dia, é importante escolher os pontos em que vai parar a leitura, terminando sempre em uma situação de suspense, que gere o desejo de saber o que vai acontecer no trecho seguinte.

> Ao **retomar a leitura**, no dia seguinte, convide as crianças a ajudar a **lembrar** o que havia acontecido até ali e então recomece a ler.

Embora o livro possa trazer uma linguagem diferente da usual, por se tratar de uma obra escrita em outra época, você verá que rapidamente as crianças se habituam a ela, mergulhando num enredo rico de emoções, ideias e aventuras. Para apoiá-las nesse processo, você pode retomar os acontecimentos que foram lidos ao final da leitura do dia, e conversar sobre as palavras novas e a forma diferente de dizer as coisas que o livro apresenta.

➕ 7 chaves para qualificar as histórias infantis, Teresa Colomer

1. Ver e ler – as histórias através de dois códigos (diálogo entre texto e imagem)
2. Seguir histórias com formas distintas (narrativas cada vez mais longas e complexas, com diferentes estruturas)
3. Escutar diferentes vozes (narrativas)
4. Apreciar a "espessura" das palavras e das imagens – experiência estética e formas de ver o mundo
5. Ser outro sem deixar de ser a si mesmo (experimentar o ponto de vista e a forma de sentir dos personagens)
6. Ampliar a experiência de mundo – ampliar as fronteiras do conhecido, a partir dos livros
7. Entrar no espaço da tradição – coro de vozes e textos ao longo dos tempos. ∎

Página 51

Nas atividades das páginas 50-51, apresentamos às crianças um trecho em que Alice bebe uma poção de encolher e, depois, come um bolo de crescer para ajustar seu tamanho e poder ingressar no País das Maravilhas.

O desafio é pensar em como **comparar o tamanho** que Alice ficou quando bem pequena, ou quando bem grande, com seres e objetos do mundo físico já conhecidos pelas crianças.

É muito importante propor uma **roda de conversa** como finalização dessa atividade, convidando as crianças a explicar suas escolhas, explicitando seu **ponto de vista**.

Nas rodas de conversa, a atuação do professor é essencial para ajudar as crianças a passar de uma situação inicial em que principalmente contam fatos, para uma prática de troca de ideias. No contexto dessa atividade, por exemplo, é provável que inicialmente as crianças simplesmente digam qual foi sua escolha ("árvore", "casa" ou "Arthur aos 28 anos").

Para ajudar as crianças a avançar em suas práticas de oralidade, você pode repetir para a turma a fala de uma das crianças e perguntar a ela por que fez essa escolha. A partir da resposta da criança, você pode perguntar o que os outros pensam disso; se alguém se decidiu pelo mesmo item ("árvore", "casa" ou "Arthur aos 28 anos") por um motivo diferente. Depois, é importante repetir essa intervenção com outras crianças. ∎

Página 52

Legendas de imagens são textos breves, muito utilizados em jornais, revistas e livros de divulgação científica. As legendas acompanham uma imagem com a finalidade de esclarecer elementos ligados ao que está representado visualmente, mas que não necessariamente serão identificados por quem observa a imagem. Qual a natureza da cena? Que personagens aparecem? Em que lugar e época acontecem essa cena?

Por seu formato **breve** e teor **descritivo**, a legenda é um gênero textual muito favorável para as **primeiras explorações** das crianças na escrita de textos.

Nessa atividade, apresentamos para as crianças quatro cenas desenhadas por Benjamim, uma criança de 5 anos apaixonada pelo mundo dos super-heróis e suas lutas épicas.

Para propô-la às crianças, você pode comentar sobre Benjamim com a turma e convidá-las a olhar

65

as cenas procurando descobrir o que acontece nessa história. Depois de uma boa conversa entre todos, organize as crianças em duplas para a escrita.

É importante orientar cada dupla a definir, **em conjunto**, o que será escrito em cada cena.

A partir desse acordo, uma criança da dupla dita, outra escreve, alternando esses papéis entre si ao longo da atividade. ∎

Página 53

Todo nome se refere a alguém, a algo ou a personagens. Ao pronunciar, ler e escrever palavras, estamos no reino da poesia, que dá nome para a rua, que fica em uma cidade, na Unidade 2 – Eu e Você. Para as crianças pequenas, assim como para cada um de nós, incluir a si próprio em uma casa, que fica em uma rua, no campo ou na cidade, é um longo processo que se inicia com escrita e leitura do próprio nome. ∎

UNIDADE 2 · CONCLUSÃO

Para acompanhar processos é preciso documentá-los. E para documentar com riqueza, clareza e justiça as construções e aprendizagens empreendidas pelas crianças, grupo e professor, é preciso realizar essa documentação ao longo dos processos, e não apenas ao seu final. O percurso educativo ganha visibilidade por meio de uma documentação cuidadosa, para a qual se pode valer tanto de vídeos, gravações quanto de material fotográfico, anotações. A documentação é um processo coletivo, de troca e reflexão, que precisa envolver, pelo menos, mais de um educador da escola, assim como as crianças. Nesse percurso, escutar os outros e a si próprio é fundamental.

As atividades propostas nesta unidade têm o potencial de funcionar como uma instância de documentação. Para que esse potencial seja mais bem aproveitado é importante não fazer as atividades sequencialmente, página a página, e, sim, visitar com as crianças algumas atividades desta unidade em diferentes momentos do ano. Para isso, você precisa:

→ prever diferentes momentos do ano para pedir que escrevam seu nome nos espaços da página 37 destinados a isso;

→ propor as atividades da unidade em diferentes momentos do ano, para que, ao final, ao folheá-lo, as crianças percebam o quanto aprenderam. Considere, para isso, a possibilidade de trabalhar, a cada retorno a esta unidade, com um dos seguintes agrupamentos de páginas: 38-39, 40-41, 42-43, 44-47, 48-49, 50-51, 52.

Ao participar da documentação, as crianças podem acompanhar seus processos de aprendizagem e compreender o que é considerado significativo neles. Com isso, a avaliação é democratizada. ∎

UNIDADE 3 · INTRODUÇÃO

Páginas **54** e **55**

Construir é um processo complexo que envolve diferentes conhecimentos. O principal objetivo da Unidade 3 – Espaço e Objetos é ampliar as experiências que oferecemos às crianças, proporcionando uma variedade de contextos e materiais para construção. Ao selecionar materiais para suas construções e atribuir a eles novos significados, diferente do que tinham originalmente, as crianças mostram seus modos de ver o mundo, pensar e criar.

Para construir, é preciso **projetar**, **explorar superfícies** de apoio, **posição** e **equilíbrio** dos objetos, e seus **encaixes**.

No processo de construção, corpo e movimento atuam como pontos de referência no espaço. Nessas experiências entram em jogo as relações espaciais e a capacidade de criação.

As atividades e brincadeiras propostas nesta unidade favorecem a criação de contextos para que as crianças possam **conviver, brincar, participar ativamente, explorar, expressar e conhecer-se**, além de convidar as crianças a realizar investigações relacionadas aos Campos de Experiências:

→ O eu, o outro e o nós
→ Corpo, gestos e movimentos
→ Traços, sons, cores e formas
→ Espaços, tempos, quantidades, relações e transformações

OBJETIVOS PEDAGÓGICOS

- Agir de maneira independente, com confiança em suas capacidades, reconhecendo suas conquistas e limitações (**BNCC: EI03EO02**).

- Ampliar as relações interpessoais, desenvolvendo atitudes de participação e cooperação (**BNCC: EI03EO03**).

- Demonstrar controle e adequação ao uso de seu corpo em brincadeiras e jogos, escuta e reconto de histórias, atividades artísticas, entre outras possibilidades (**BNCC: EI03CG02**).

- Coordenar suas habilidades manuais no atendimento adequado a seus interesses e necessidades em situações diversas (**BNCC: EI03CG05**).

- Expressar-se livremente por meio de desenho, pintura, colagem, dobradura e escultura, criando produções bidimensionais e tridimensionais (**BNCC: EI03TS02**).

- Estabelecer relações de comparação entre objetos, observando suas propriedades (**BNCC: EI03ET01**).

- Registrar observações, manipulações e medidas, usando múltiplas linguagens (desenho, registro por números ou escrita espontânea), em diferentes suportes (**BNCC: EI03ET04**).

- Classificar objetos e figuras de acordo com suas semelhanças e diferenças (**BNCC: EI03ET05**).

- Desenvolver o raciocínio lógico-matemático, em atividades e jogos que envolvem noções espaciais e geométricas (**PNA, 2019**).

Desde que nasce, o bebê explora o espaço ao seu redor. Progressivamente, vai alcançando maior coordenação de movimentos, descobrindo profundidades, analisando objetos, formas, dimensões, organizando mentalmente seus deslocamentos, antecipando-os. Dessa forma, coordenam diferentes pontos de vista, podendo representá-los por meio de desenhos ao passo que estabelecem relações de contorno e vizinhança.

Piaget e Inhelder (1993) destacam que as primeiras relações espaciais que a criança estabelece se referem ao que acontece no espaço próximo, são as chamadas relações topológicas. Ao enfrentar problemas relativos às ações de construir, deslocar-se, mover objetos, localizar objetos no espaço, localizar a si mesmo e desenhar, as crianças constroem referências relativas ao que está dentro, fora, ao lado, na frente, perto, longe. Pouco a pouco, no processo de exploração do espaço, a linguagem e as representações espaciais vão substituindo a percepção.

Uma **rica experiência** nesse campo possibilita a construção de sistemas de **referências mentais** mais amplos, que permitem à criança estreitara **relação entre o observado e o representado** teorizando sobre o **espaço vivido**.

Um exemplo permite ilustrar o processo de construção desses sistemas de referências: ao observar um globo terrestre, Renata, uma criança de 5 anos, comentou: "Um dia, eu estava em cima de um prédio e olhei lá para baixo, e vi um carrinho de brinquedo. Quando eu desci, vi que era um carro de verdade, bem grandão".

Essas experiências variam dependendo do tipo de espaço. Para Guy Brousseau (1983) o tamanho do espaço é uma variável didática que tem papel fundamental na resolução de problemas espaciais. Esse autor diferencia o microespaço, o mesoespaço e o macroespaço. Um microespaço é definido por Brousseau como o espaço de interações ligado à manipulação de pequenos objetos. A criança está fora desse espaço e pode então ter uma visão (relativamente) global dos objetos.

Esta unidade conta a história de Iraquitan, uma criança de 5 anos que gosta de fazer construções. Dessa forma, a proposta é convidar as crianças a serem protagonistas na criação de espaços construtivos. ■

UNIDADE 3 · **PÁGINA A PÁGINA**

Páginas **56** e **57**

A história de Iraquitan pode aproximar as crianças do universo das construções. Nesse sentido, vale organizar uma roda para ler em voz alta o texto da página 56 e conversar sobre construções. Pergunte, para as crianças, se também gostam de construir e peça que elas falem sobre suas próprias experiências.

Os brinquedos e brincadeiras de nossa infância costumam ficar marcados em nossa memória. Quem não se lembra de construir castelos na areia da praia ou com blocos de madeira?

Nos anos 1960 e 1970, o Pequeno Arquiteto era um brinquedo muito popular – aliás, existe até hoje. Esse conjunto de blocos de madeira, de diversos formatos, possibilita a construção de diferentes estruturas tridimensionais: cidades, castelos, pontes e muralhas. Cippitelli e Dubovik (2018) apontam que, para construir, as crianças desenham obras, pensando-as e construindo-as, e comparam essa ação à tarefa dos antigos arquitetos. Para as autoras, o conceito de construtividade reúne as atividades de desenhar e construir

> Na antiguidade, a tarefa de desenhar, de pensar uma obra ou um edifício se fundiam em uma só pessoa: "o arquiteto" era quem estava a cargo de todas as obras necessárias para erigir um edifício, uma construção, desde a seleção dos materiais até sua forma e seu tamanho (CIPPITELLI; DUBOVIK, 2018, p. 12).

Em suas brincadeiras, é comum as crianças pequenas buscarem elementos para construir: escolhem e selecionam materiais e espaços, empilham, derrubam, equilibram, alinham, classificam, enumeram, comparam, relacionam, criam cenas.

Um aspecto fundamental na construção é a seleção de materiais e de espaço. Nesse sentido, ter disponível na escola materiais – caixas retangulares, embalagens cilíndricas, latas de diferentes tamanhos, cones, carretel de linha, pedaços de cabo de vassoura, tubos (de papelão), tampinhas de plástico, pedrinhas, sementes, embalagens vazias de leite longa vida ou sucos – possibilita que as crianças explorem ações, atribuindo diferentes significados aos objetos: um pedaço de madeira vira um carrinho, logo depois se transforma em uma ponte ou na parede de um castelo. Esses objetos podem ser utilizados para a criação de cenários lúdicos variados.

As atividades propostas nas páginas 56 e 57 convidam as crianças em um primeiro momento a pesquisar diferentes tipos de material. A ideia é que elas "saiam" do livro e explorem diferentes construções ao longo de alguns dias (uma semana ou duas, por exemplo).

A pesquisa de materiais para construir cria um contexto favorável para a escrita de lista.

> Listar significa relacionar nomes de pessoas ou coisas para a organização de uma ação. Por ter uma estrutura simples, a lista é um texto privilegiado para o trabalho com crianças que não sabem ler e escrever convencionalmente, mas é necessário que você proponha a escrita de uma lista que tenha alguma função de uso na comunidade ou na sala de aula. Por ser um tipo de texto simples, as atividades de escrita de listas possibilitam que as crianças pensem muito mais na escrita das palavras (BRASIL, 2001).

Você pode propor que a atividade seja realizada em **duplas** ou em **grupos**, assim, as crianças precisarão **se pôr de acordo** sobre **quantas** e **quais** letras vão usar para escrever cada objeto que encontraram.

 Para saber mais sobre a escrita de listas, ver o capítulo "A escrita de listas", do livro Reflexões sobre o ensino da leitura e da escrita, de Ana Teberosky e Beatriz Cardoso (Campinas: Editora Unicamp, 1990).

Por fim, depois de **organizar** diferentes momentos para que as crianças explorem **diferentes construções**, você pode incentivá-las a representar a que **mais gostaram** de fazer. ■

Página 58

As construções planas, ou desenhos formados com objetos, são um tipo de construção que as crianças podem explorar. As imagens que aparecem na página são um convite à investigação, uma possibilidade, entre tantas outras. O propósito central é que elas se envolvam em um projeto investigativo, que explorem diferentes espaços e maneiras de construir. Para fazer esse tipo de construção, uma sugestão é convidá-las a colecionar elementos da natureza, como gravetos, pedrinhas, conchas e sementes. Esse tipo de material proporciona a oportunidade para que a criança represente ou expresse seus sentimentos, sendo uma via de interação social com os adultos e com os colegas. "Quando as crianças brincam com objetos 'menos realistas', como muitos dos brinquedos elaborados artesanalmente, os espaços da invenção e da imaginação se ampliam, permitindo a elas transformá-los segundo sua própria ótica" (KLYSIS, 2004).

> Leontiev (1994) chama "brinquedos de largo alcance" os materiais **não estruturados,** como sucatas e elementos da natureza, que **potencializam** as **experiências criativas** das crianças, pois podem se transformar em muitos objetos.

Ao construir, as crianças exploram as diferentes características e propriedades dos materiais, testando seus limites e descobrindo o que podem fazer com cada um deles. Ao colecionar materiais para construção, é preciso avaliar condições de segurança, atratividade dos materiais e possibilidade de manipulação. Assim, para construir, as crianças precisarão ajustar a ação às características do material utilizado, considerando tamanho, equilíbrio e resistência entre as peças.

> Um contexto interessante pode ser construir com **gravetos**, **sementes** e **pedrinhas** em uma **caixa de areia**.

Você pode propor que as crianças façam pequenos animais em argila para brincar nesses cenários. Esse tipo de contexto promove interações sociais em que elas podem desenvolver aspectos cognitivos, afetivos, simbólicos, imaginativos e expressivos. ■

Página 59

Para seguir investigando, uma possibilidade interessante é propor atividades de construção em pequenos grupos ou em duplas, para permitir tanto o intercâmbio verbal quanto a adequação da própria ação em função da participação do colega.

> Seu papel **é essencial** para preparar contextos com sentido, que **provoquem desafios**, para que as crianças possam **experimentar** e **explorar**.

Isso envolve escolher um espaço físico adequado no qual será realizada a experiência, bem como selecionar novos materiais, de diferentes tamanhos e formas, incluir brinquedos, como carrinhos, bonecos e animais, desafiando as crianças a construir pontes, garagens e abrigos de diversas alturas e larguras, para comportar a variedade de brinquedos.

Ao longo do processo de investigação, você pode fazer algumas **intervenções** com o intuito de mudar a dinâmica da brincadeira para **enriquecer** a construção e torná-la **mais complexa** ou para **favorecer** a **interação** entre as crianças.

> No entanto, é importante **tomar cuidado** para não interromper nem comprometer o **processo de investigação** próprio da criança.

Quando constroem com os materiais disponíveis, as crianças investigam e aprofundam diferentes aspectos. Nesse sentido, uma observação atenta de suas brincadeiras e construções oferece a possibilidade de potencializar projetos próprios das crianças, que podem ser realizados de maneira autônoma.

Aos 5 anos, Iraquitan costuma construir cenários para brincar com seus dinossauros, projeta armadilhas e recantos para protegê-los dos inimigos. O objetivo da atividade proposta na página 59 é compartilhar a construção de Iraquitan com a de seu grupo de crianças como forma de inspirar novas construções.

A ideia é que as crianças planejem suas construções, procurem **novos materiais**, cheguem a **acordos** sobre como construir cenários para seus **próprios brinquedos**, assim como fez Iraquitan.

Nesse sentido, é interessante organizar uma roda com as crianças para conversar sobre a fotografia que aparece na página e convidá-las a construir cenários, antes de propor a representação da construção feita por Iraquitan.

> Você pode convidar as crianças a representar **suas próprias construções** e cenários para reconstruí-los posteriormente. Outra possibilidade é **fotografar** essas construções.

As fotografias e representações planas de objetos ou espaços tridimensionais colocam, para as crianças, problemas muito interessantes relativos ao ponto de vista. A linguagem e as representações espaciais permitem comunicar informações que substituem a percepção. Você pode organizar um momento coletivo, para comparar e conversar sobre as diferentes formas de representar o espaço, e refletir sobre os efeitos da variação de pontos de vista: de onde foi tirada essa foto? Todas as crianças estavam no mesmo lugar quando desenharam a construção?

Depois dessa etapa, convide as crianças a representar a construção feita por Iraquitan. ∎

ACERVO DAS AUTORAS.

Páginas **60** e **61**

Construções com caixas de papelão médias e grandes desafiam as crianças a resolver problemas em um espaço maior. Blocos de madeira ou caixinhas pequenas possibilitam construções em espaços menores e exigem maior controle dos movimentos. As peças podem ser empilhadas de diversas maneiras. Como não possuem nenhum tipo de encaixe, é preciso buscar o equilíbrio entre elas, e o que se monta pode ser desfeito com muita facilidade.

As atividades das páginas 60 e 61 buscam problematizar o equilíbrio de construções e torres. Antes de propor a atividade da página 60, convide as crianças a refletir e conversar acerca das próprias construções e sobre como empilhar as peças para que não caiam. Você pode levar alguns blocos ou peças para o centro da roda, construir uma torre com as crianças e problematizar o aspecto do equilíbrio: "Será que se eu colocar mais essa peça vai cair?".

Para resolver a atividade proposta na página 60, a criança precisa pensar no tamanho da caixa e em que posição colocá-la para que a torre de caixas não caia. Vale conversar sobre o assunto antes de propor que desenhem a caixa, convidando as crianças a antecipar uma ação, procedimento fundamental no fazer matemático.

Você também pode aproveitar as diferentes construções que aparecem nessas páginas para incentivar as crianças a explorar novos materiais: forminhas e potinhos de metal, potes transparentes e translúcidos, observando contextos de construção com apenas um tipo de material. Construir com objetos de metal, por exemplo, traz certa sonoridade às construções. Construir com materiais transparentes permite explorar um jogo de luz e sombra, além de pesquisar a fragilidade dos objetos.

O mapa conceitual a seguir ajuda a pensar na diversidade de objetos e contextos de construção que é possível explorar:

73

MAPA CONCEITUAL UTILIZADO NA EXPERIÊNCIA

Construtividade

CIPPITELLI, A.; DUBOVIK, A. CONSTRUÇÃO E CONSTRUTIVIDADE: MATERIAIS NATURAIS E ARTIFICIAIS NOS JOGOS DE CONSTRUÇÃO. SÃO PAULO: PHORTE EDITORA, 2018. P. 76.

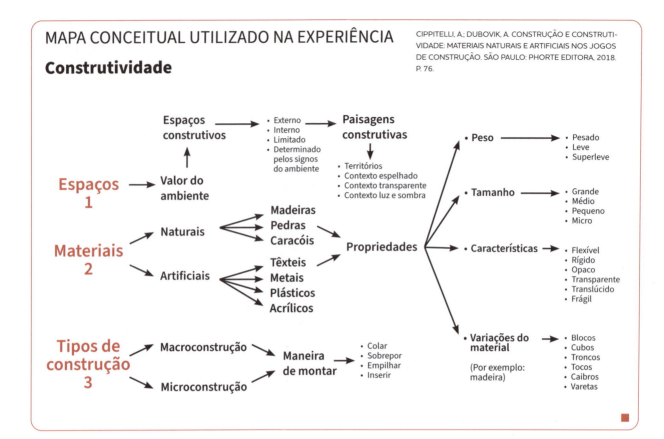

Páginas 62 e 63

Os homens constroem torres dede a antiguidade e muitas delas são conhecidas mundialmente e importantes pontos turísticos.

Para compartilhar as imagens e as informações dessas páginas, você pode organizar uma roda para conversar sobre essas construções e ler, em voz alta, os textos sobre cada uma das torres. Converse com as crianças, a fim de entender como elas podem saber qual é a mais alta e se o texto traz alguma informação que pode ajudar a descobrir a altura das torres. Peça a elas que localizem e circulem no texto os números que indicam as alturas de cada torre. Depois disso, proponha uma atividade de comparação numérica.

TORRE DE PISA	TORRE JAPONESA	TORRE EIFFEL
57 METROS	**634 METROS**	**324 METROS**

Você pode anotar esses números no quadro e perguntar, para as crianças, qual torre elas acham mais alta. Tenha cuidado em não validar a resposta certa logo de início. Peça que justifiquem suas decisões e conduza uma troca de argumentos na sala, fazendo com que os critérios de decisão usados por elas fiquem claros para toda a turma.

Lerner e Sadovsky (1996) entrevistaram cinquenta crianças entre 5 e 8 anos de idade e constataram que, antes de poder ler e escrever os números convencionalmente, elas constroem diferentes critérios que lhes permitem comparar, produzir e interpretar os números escritos. Segundo as autoras, as crianças constroem hipóteses ao participar de diferentes práticas sociais nas quais a numeração escrita é utilizada, e começam a identificar aquilo que é observável, isto é, as características que podem ser vistas diretamente. Essas primeiras aproximações das crianças explicitam características próprias de um sistema posicional.

As autoras identificaram que, ao comparar números com diferentes quantidades de algarismos, as crianças declaravam que é maior o que tem mais algarismos. Nas palavras das autoras, "A afirmação das crianças entrevistadas mostra que elas elaboram uma hipótese que poderia explicitar-se assim: 'quanto maior a quantidade de algarismos de um número, maior é o número'" (LERNER; SADOVSKY, 1996, p. 77). E, segundo elas, as crianças utilizam esse argumento desde muito cedo.

Assim, é possível que algumas crianças afirmem que a Torre de Pisa é a menor, pois o número que indica sua altura "só tem dois números".

Ao comparar os números que indicam as alturas da torre japonesa e da torre Eiffel, as crianças precisarão se apoiar em outro critério para decidir qual torre é maior.

No mesmo estudo, Lerner e Sadovsky (1996) constataram outra **hipótese** quando as crianças comparam números com a mesma quantidade de algarismos. Nesses casos, as crianças avaliam **a posição** que os algarismos ocupam, **considerando** que o **primeiro** algarismo determina qual é o maior.

Dessa forma, ao comparar 634 e 324, números que indicam as alturas das torres japonesa e Eiffel respectivamente, as crianças podem afirmar que 634 é maior "porque o primeiro é o 6, que vem depois do 3" ou, nas palavras das crianças que participaram da pesquisa, "o primeiro é que manda" (LERNER; SADOVSKY, 1996).

Depois de realizada a discussão coletiva, você pode propor a **organização de um gráfico** em que apareçam as alturas e as representações das torres. Veja um exemplo:

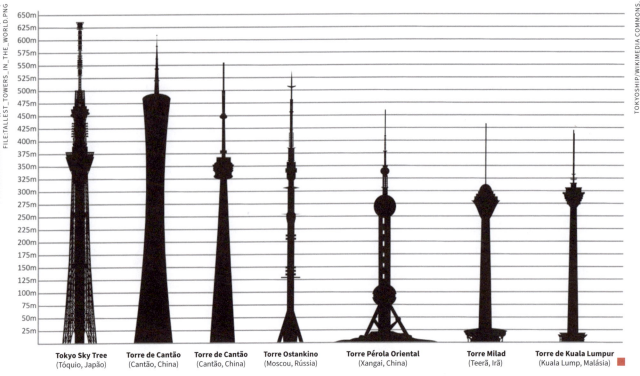

Página 64

Para enriquecer a investigação, você pode dividir a turma em grupos de quatro crianças, disponibilizar caixas e objetos, e lançar o desafio: construir a torre mais alta possível com o material oferecido. Explique que, para a torre não cair, precisam conversar entre si e levar em conta a forma com que os objetos têm de ser usados. Durante a tarefa, você pode propor algumas questões para problematizar a construção: "Como posicionar um cilindro para fazer com que a pilha continue a subir?". "Uma capa de CD fica mais alta de pé ou deitada?" "Qual o melhor jeito para manter o equilíbrio?"

O tipo de material utilizado para construir as torres suscita **diferentes reflexões**. É muito diferente empilhar potes iguais de achocolatado em relação a cones de linha ou caixas de **diferentes formatos**.

É importante garantir uma quantidade adequada de objetos para que as crianças realizem seus projetos. Se o material for insuficiente para todas as crianças, é importante oferecer alternativas.

Para refletir sobre a etapa anterior, proponha que a turma examine as duas construções. Qual foi a torre maior? Quais tipos de material foram utilizados? Por que ela ficou mais alta? Como o grupo conseguiu sustentar o equilíbrio? Quais objetos foram usados na base? Eles estavam apoiados nos lados mais largos ou nos mais finos? Em que medida isso fez diferença? Se uma das torres tiver caído, convide a turma a refletir sobre o porquê.

Outro aspecto que pode ser investigado é a superfície em que as construções são realizadas. Convide as crianças a experimentarem construir em diferentes superfícies: moles e duras, retas e inclinadas. Depois, promova uma roda de conversa sobre essa experiência: qual superfície julgam ser mais adequada para cada tipo de construção? Por quê?

Páginas 65 e 66

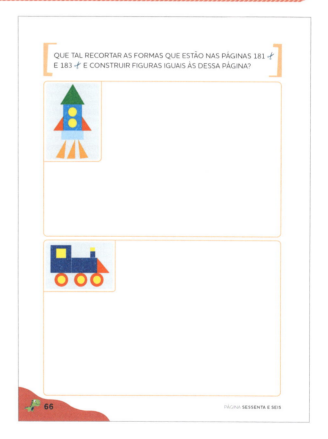

As atividades propostas nas páginas 65 e 66 convidam as crianças a representar, por meio do desenho e da colagem, um modelo dado.

Você notará que as figuras disponíveis para a reprodução por meio da colagem não são exatamente iguais às do modelo oferecido. Essa variável didática torna a atividade mais complexa e desafiadora, uma vez que as crianças precisarão se esforçar em criar uma relação entre as figuras para compor as que necessitam. Assim, para fazer os círculos amarelos, por exemplo, poderão usar meios círculos ou os quartos de círculo, já para obter um retângulo precisarão compor triângulos ou quadrados.

Outra possibilidade é oferecer às crianças representações planas de construções para que sejam reproduzidas por elas em um espaço tridimensional.

77

Essas atividades podem ser consideradas as primeiras investigações geométricas das crianças. A Geometria se originou na busca de respostas para problemas relativos ao espaço físico, porém, pouco a pouco, foi se desprendendo desses problemas.

Bkouche (1991) aponta que, historicamente, a Geometria se constitui ao redor de dois grandes problemas:

- a medida das grandezas geométricas (comprimentos, superfícies, volumes);
- a representação plana de situações espaciais.

Segundo Horácio Itzcovich (2008):

- Os objetos da geometria (pontos, figuras espaciais e planas etc.) não pertencem a um espaço físico real, mas sim a um espaço teórico, conceitualizado.
- Os desenhos traçados são representações desses objetos teóricos. Isto é, a marca que um lápis deixa quando traça um triângulo não faz mais do que representá-lo.
- Muitos problemas geométricos podem ser, inicialmente, explorados empiricamente, analisando diferentes desenhos que são muito úteis ou recorrendo às medidas.
- No trabalho geométrico, os enunciados, as relações e as propriedades são gerais e se estabelece um domínio de validade, isto é, se explicitam as condições baseada nas quais uma coleção de objetos (os triângulos, retângulos, por exemplo) cumprem uma certa propriedade ou relação (ITZCOVICH, 2008, p. 199).

Mais do que saber identificar e nomear algumas figuras geométricas, o trabalho com a Geometria na Educação Infantil visa à exploração, observação e descrição das características das figuras planas e espaciais. E, assim como em relação aos outros conteúdos, as diferentes situações propostas às crianças precisam dar espaço a uma variedade de maneiras de resolvê-las, para provocar trocas e discussões entre as crianças. ■

Páginas **67** e **68**

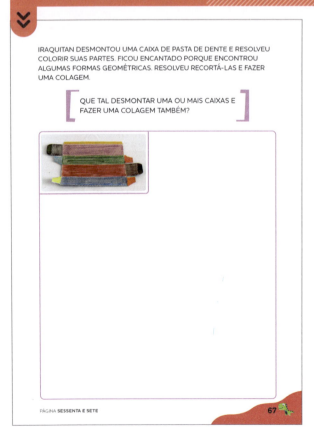

As atividades apresentadas nas páginas 67 e 68 convidam as crianças a explorar características de figuras geométricas espaciais. Antes de apresentar a atividade da página 67, você pode pedir que as crianças desmontem uma caixa de pasta de dente ou de outro produto e, assim como Iraquitan, pintem cada face de uma cor. Depois, convide as crianças a recortar as partes coloridas e a construir uma nova composição com as peças.

A proposta da atividade da página 68 é convidar as crianças a explorar os movimentos para modelar esferas e cubos, refletindo sobre a diferença dos movimentos que precisam fazer para obter essas diferentes figuras. Nessa tarefa, não é esperado que as crianças elaborem esferas e cubos perfeitos, pois a ideia é que elas conversem sobre os movimentos, como ter que "achatar" a peça para ficar como um dado. ■

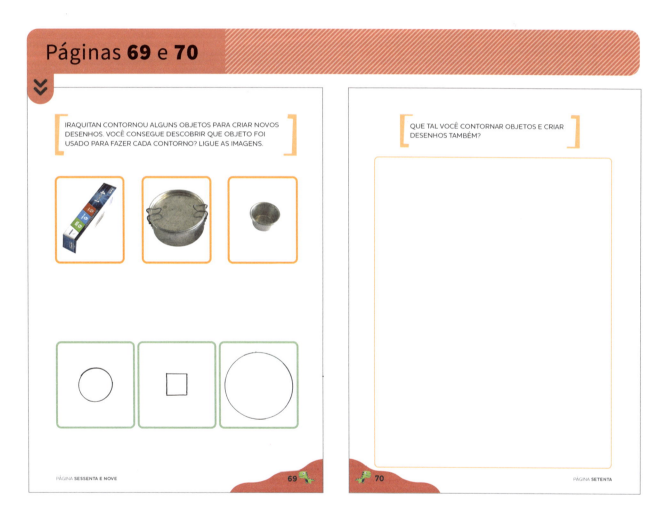

Os contornos de figuras espaciais, assim como os carimbos, permitem que as crianças relacionem figuras geométricas espaciais e planas, observando quais figuras podem ser obtidas ao apoiar um dos lados da figura espacial sobre o papel e contorná-la com o lápis.

Além das figuras propostas na página 69, você pode explorar contornos de outros objetos do cotidiano da criança na escola. Você pode, também, propor uma atividade de exploração de carimbos e suas faces, passando um pouco de tinta guache antes de apoiar no papel.

Uma boa ideia é utilizar o espaço disponível da página 70 para que as crianças **explorem a criatividade** no contorno e na criação de desenhos. ■

79

Página 71

O campo semântico desta unidade sugere projetos de investigação sobre questões ecológicas. Pensar quais materiais são recicláveis, quais oferecem danos para a natureza e que podem inviabilizar nossa vida na Terra. Saber mais sobre a origem de cada um dos materiais é uma boa forma de pensar em um modo mais consciente e responsável de utilizá-los. A destinação de coisas que se jogam fora, o problema do lixo que produzimos todos os dias são uma parte do processo. Observar e compreender a origem de materiais diz muito sobre o início de uma possível consciência ecológica. ∎

UNIDADE 3 · CONCLUSÃO

Ferramenta de trabalho para a reflexão, a documentação pedagógica permite aprender a olhar os processos das crianças e dar visibilidade a eles (CIPPITELLI; DUBOVIK, 2018, p. 96).

Para documentar o fazer construtivo das crianças você pode observar:

- os modos de ocupar os espaços;
- a seleção de materiais;
- o planejamento e a experimentação das construções;
- a interação com os pares nas construções compartilhadas. ∎

UNIDADE 4 · **INTRODUÇÃO**

Páginas **72** e **73**

A Unidade 4 – Jogos reúne diferentes tipos de jogo que podem ser utilizados ao longo de todo o ano.

Todo professor de Educação Infantil sabe da importância do jogo para os processos de aprendizagem e desenvolvimento das crianças. Atividade própria da criança pequena, diversos estudos apontam que o jogo é uma experiência que modifica quem o experimenta.

Para Jean Piaget (1971), durante a infância, os jogos estão diretamente ligados ao desenvolvimento cognitivo e têm estreita relação com a construção da inteligência. O autor ressalta que o prazer que resulta do jogo motiva a aprendizagem.

Seja vinculado ao prazer, à diversão, ao entretenimento ou à busca de respostas, o jogo tem sua origem na intenção, no desejo ou no propósito do jogador. Isso não significa que seja sempre a criança quem inicie ou proponha um jogo, mas requer que ela "entre" no jogo, tome o jogo para si.

> O jogo é, por natureza, uma atividade autotélica, ou seja, que não apresenta qualquer finalidade ou objetivo fora ou para além de si mesmo. Nesse sentido, é puramente lúdico, pois as crianças precisam ter a oportunidade de jogar pelo simples prazer de jogar, ou seja, como um momento de diversão e não de estudo. Entretanto, enquanto as crianças se divertem, jogando, o professor deve trabalhar observando como jogam. O jogo não deve ser escolhido ao

81

> acaso, mas fazer parte de um projeto de ensino do professor, que possui uma intencionalidade com essa atividade (STAREPRAVO, 2009. p. 49).

Aprender envolve um complexo e intenso trabalho de reconceitualizações sucessivas. A intencionalidade do professor é a marca que distingue as situações de jogo vividas no meio social e as situações escolares de aprendizagem a partir do jogo. Um jogo, bem escolhido, apresenta novos desafios, uma vez que a cada jogada novos problemas se apresentam e, ao mesmo tempo, repetição, pois os materiais e as regras são sempre os mesmos. Ao jogar e voltar a jogar, a criança reflete sobre os conteúdos envolvidos e elabora estratégias para jogar cada vez melhor. Essas "idas e vindas" a uma mesma situação são especialmente favoráveis para que as crianças avancem em seus conhecimentos.

Diferentes jogos oferecem várias **possibilidades** para que as crianças resolvam problemas de diversos tipos. Jogos de **percurso**, de **cartas**, de **dados** e de **alvo** fazem parte de um amplo repertório de **possibilidades**.

A experiência escolar é a oportunidade para ampliar e diversificar o conhecimento que as crianças construíram em sua vida social. Ao organizar a turma em pequenos grupos para jogar, cria-se um contexto para as crianças interagirem umas com as outras e, assim, aprender a como se conduzir nas relações.

Nesse contexto, o papel do professor ocupa um lugar central. É você quem seleciona, organiza e planeja propostas de jogo em função das características e interesses das crianças de sua turma bem como dos objetivos educacionais previstos para a faixa etária.

Vale lembrar que o uso de jogos como estratégia de ensino permite considerar a diversidade cognitiva das crianças. Crianças com saberes diversos podem jogar juntas e usar diferentes estratégias. Em momentos posteriores, você pode organizar instâncias coletivas para compartilhar estratégias

e conversar sobre as mais adequadas. Você pode, também, modificar a complexidade do jogo, adequando o material ou suas regras de acordo com as necessidades de alguma criança.

Esta unidade envolve os seguintes Campos de Experiências:

- → O eu, o outro e o nós
- → Corpo, gestos e movimentos
- → Escuta, fala, pensamento e imaginação
- → Espaços, tempos, quantidades, relações e transformações

OBJETIVOS PEDAGÓGICOS

- Demonstrar empatia pelos outros, percebendo que as pessoas têm diferentes sentimentos, necessidades e maneiras de pensar e agir (**BNCC: EI03EO01**).
- Agir de maneira independente, com confiança em suas capacidades, reconhecendo suas conquistas e limitações (**BNCC: EI03EO02**).
- Ampliar as relações interpessoais, desenvolvendo atitudes de participação e cooperação (**BNCC: EI03EO03**).
- Comunicar suas ideias e sentimentos a pessoas e grupos diversos (**BNCC: EI03EO04**).
- Manifestar interesse e respeito por diferentes culturas e modos de vida (**BNCC: EI03EO06**).
- Usar estratégias pautadas no respeito mútuo para lidar com conflitos nas interações com crianças e adultos (**BNCC: EI03EO07**).
- Demonstrar controle e adequação do uso de seu corpo em brincadeiras e jogos, escuta e reconto de histórias, atividades artísticas, entre outras possibilidades (**BNCC: EI03CG02**).
- Coordenar suas habilidades manuais no atendimento adequado a seus interesses e necessidades em situações diversas (**BNCC: EI03CG05**).
- Expressar ideias, desejos e sentimentos sobre suas vivências, por meio da linguagem oral e escrita (escrita espontânea), de fotos, desenhos e outras formas de expressão (**BNCC: EI03EF01**).
- Levantar hipóteses sobre gêneros textuais

veiculados em portadores conhecidos, recorrendo a estratégias de observação gráfica e/ou de leitura (**BNCC: EI03EF07**).

- Levantar hipóteses em relação à linguagem escrita, realizando registros de palavras e textos, por meio de escrita espontânea (**BNCC: EI03EF09**).
- Relacionar números às suas respectivas quantidades e identificar o antes, o depois e o entre em uma sequência (**BNCC: EI03ET07**).
- Resolver problemas da vida cotidiana e lidar com informações matemáticas (**PNA, 2019**).
- Desenvolver o raciocínio lógico-matemático (**PNA, 2019**).
- Desenvolver o senso numérico (**PNA, 2019**).
- Somar e subtrair números (**PNA, 2019**).
- Identificar palavras que comecem com a letra trabalhada (**PNA, 2019**).
- Desenvolver a coordenação motora fina a manipulação do lápis ao desenhar, traçar, colorir, pintar, escrever (**PNA, 2019**).
- Tentar escrever o próprio nome e do nome de alguns colegas (**PNA, 2019**).
- Realizar traçados de grafismos, tais como círculo, onda, linha em serra e outros, em especial aqueles que remetam aos formatos das letras cursivas e bastão (**PNA, 2019**).

UNIDADE 4 · PÁGINA A PÁGINA

Páginas **74** e **75**

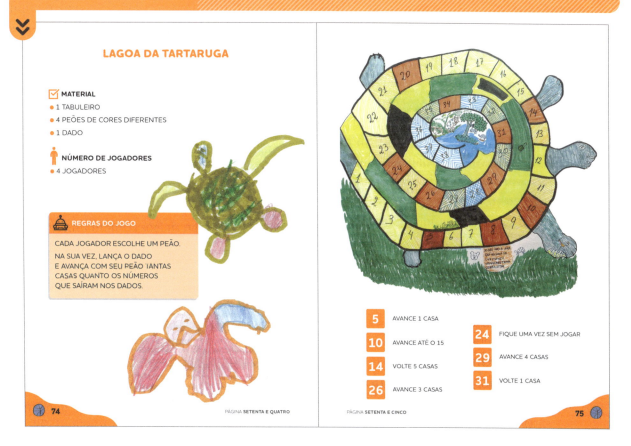

83

Os jogos de percurso, ou de trilha, como são conhecidos em alguns lugares, são jogos típicos que podem ser explorados de diferentes maneiras com as crianças da Educação Infantil.

Geralmente, os jogos de percurso necessitam de uma **pista**, **peões** e um ou vários **dados**.

Trazer o jogo para um momento da roda com todas as crianças, com o objetivo de apresentá-lo, é uma ação importante. O tabuleiro do jogo Lagoa da Tartaruga foi desenhado por professores ticuna com o objetivo de ensinar sua língua materna para as crianças. Além de compartilhar essa história, você pode ler as regras do jogo em voz alta e conversar com a turma sobre como jogar. Você também pode propor uma partida coletiva para que as crianças entendam o funcionamento do jogo. Dessa maneira, você favorece a troca de ideias e a construção de um conjunto de conhecimentos compartilhados.

Tempo, espaço, materiais e companheiros de jogo são quatro variáveis que configuram de forma interdependente as situações de jogo.

TEMPO PARA O JOGO:

É importante reservar e assegurar tempo para que as crianças aprendam novos jogos, bem como para que brinquem com jogos conhecidos e construam seus próprios jogos.

Para que as crianças se familiarizem com um determinado tipo de jogo, é importante que joguem diversas vezes, em dias diferentes.

Jogos conhecidos de todos podem ser visitados diversas vezes ao longo do ano, durante as atividades diversificadas ou em outros momentos entre uma atividade e outra.

Investir na construção de um repertório de jogos compartilhado pela turma é uma decisão didática importante para favorecer o avanço das aprendizagens.

ESPAÇO PARA JOGAR:

Explorar as opções oferecidas pelo espaço escolar possibilita planejar atividades de jogo em diferentes locais como na sala, no pátio, na varanda etc.

Jogar em torno de uma mesa ou no chão possibilita diferentes interações das crianças com o espaço e com os materiais.

MATERIAL:

Quando apresentamos às crianças um conjunto de materiais diferentes – peças, dados, tabuleiro –, é natural que elas se sintam curiosas e queiram pegar as peças e os materiais, apropriando-se deles a partir da brincadeira. É importante levar em consideração esse movimento das crianças e reservar momentos para esse tipo de exploração.

A aparência do jogo também é relevante: as crianças preferem jogos visualmente atraentes e com certa durabilidade. Por exemplo, é muito diferente usar um dado de madeira ou plástico do que um confeccionado de papel, que amassa e não mantém sua forma original. Você pode envolver as crianças nos cuidados com a conservação e com os materiais que compõem os jogos, levando em conta tarefas que já são possíveis para elas: por exemplo, podem ser as responsáveis em contar as peças e conferir se está faltando alguma ao guardar um jogo.

Além disso, é preciso ter atenção à **segurança** dos materiais.

É comum, por exemplo, crianças colocarem peças pequenas, como sementes, no nariz ou na boca; portanto, convém evitá-las. É importante também respeitar cuidados com a higienização das peças de acordo com critérios de assepsia indicados por profissionais de saúde.

COMPANHEIROS DE JOGO:

A prática regular do jogo como atividade compartilhada favorece sua progressiva internalização. Jogar com outros favorece múltiplas aprendizagens e o desenvolvimento de forma integral. Jogar em pares, pequenos grupos ou em grupos maiores são alternativas muito interessantes e complementares.

Os jogos de percurso também são situações **interessantes** e **significativas** de **leitura**.

Isso ocorre, quando o peão para em uma das casas acompanhadas de instruções especiais, como avançar ou voltar algumas casas. As crianças experimentam ler, ainda que não convencionalmente, um texto de cujo conteúdo já se apropriaram. Ao longo das diversas partidas, as crianças podem construir estratégias de leitura que lhes permitam abordar esses textos com certa autonomia.

Por exemplo, para ler "VOLTE 5 CASAS" e "AVANCE 3 CASAS", as crianças podem se apoiar na letra inicial de cada palavra e nos números escritos para saber quanto devem avançar ou retroceder no percurso. ■

Professores ticuna fazem jogos de percurso temáticos.

BINGO DE NOMES

Segundo reportagem da revista *Superinteressante* publicada em 2011, o jogo de bingo tem origem italiana. No final da Idade Média, na cidade de Gênova, no noroeste da Itália, havia o costume de substituir periodicamente, por meio de sorteios, os membros dos conselhos políticos locais. Os nomes eram colocados em bolas, que eram retiradas de uma urna. O bingo com números, como conhecemos hoje, é uma evolução desse jogo que, ao longo dos séculos, espalhou-se por outros países da Europa e, mais tarde, pela América.

O jogo apresentado nessa página é uma adaptação do jogo do Bingo de números com o objetivo de criar um contexto significativo para as crianças escreverem e lerem os nomes dos colegas da turma.

O primeiro passo para jogar é preparar as cartelas. Cada criança anota em sua cartela quatro nomes de colegas da turma. Para isso, podem consultar a lista de nomes ou os cartões individuais com o nome de cada criança.

85

O Bingo de nomes pode ser jogado em **muitos momentos**, para isso, você pode reproduzir tabelas como as apresentadas no Livro do Estudante ou **confeccionar novas cartelas**.

Avalie se vale a pena aumentar a quantidade de nomes da cartela para, consequentemente, ampliar o grau de dificuldade da proposta.

Durante o jogo, sorteie um nome de cada vez e leia o nome sorteado em voz alta, sem mostrar o cartão para as crianças. Circule pela sala e observe se alguma criança precisa de ajuda para descobrir se deve ou não marcar um nome em sua cartela. Você pode fazer perguntas como:

- Com que letra começa o nome sorteado?
- Algum nome da sua cartela começa com essa letra?

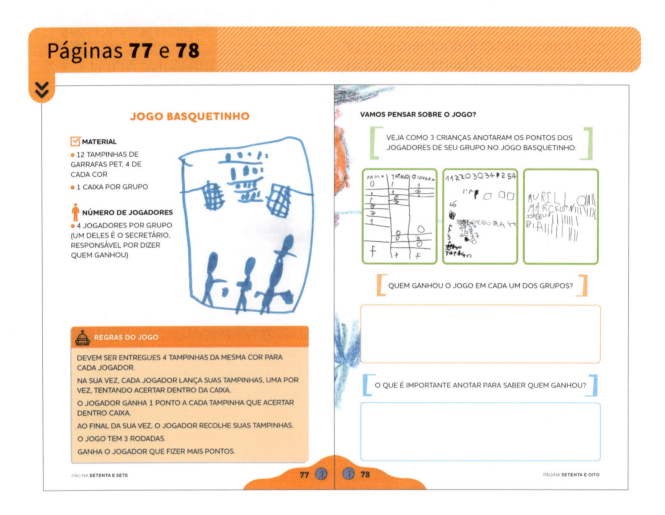

Páginas 77 e 78

Basquetinho é um jogo de alvo bem simples de se construir com as crianças. Para isso, você pode pesquisar com a turma qual será o alvo (uma lata, uma caixa) e quais objetos podem ser lançados (tampinhas de garrafa, bolinhas de papel reservado para reutilização etc.). Vale chamar atenção das crianças para a relação entre o tamanho do alvo e dos objetos que serão lançados, essa proporção torna o jogo mais ou menos desafiador.

Para as crianças, o jogo é interessante porque elas querem acertar o alvo, e, para nós, professores, o propósito didático é que ao marcar os pontos do jogo, construam recursos para registrar quantidades.

Uma das funções numéricas é lembrar uma quantidade sem que esta esteja presente, seja pela distância física, seja pelo tempo. Para que as crianças possam colocar essa função dos números em jogo, é necessário organizar situações nas quais precisem guardar a memória de uma quantidade no tempo ou espaço. A proposta desse jogo é que você organize uma sequência didática, prevendo pelo menos dez momentos diferentes de jogo para esse fim.

No momento do jogo, organize a turma em quartetos e distribua os seguintes materiais: uma caixa ou lata para ser o alvo e doze objetos que serão arremessados. Determine quem será o "secretário", responsável por comunicar quem é o vencedor do jogo. Essa função deve ser rotativa entre as crianças do grupo.

Durante o jogo, circule pela sala e observe os recursos que os secretários utilizam para recordar os pontos de cada jogador. Provavelmente, nas primeiras partidas, as crianças não anotarão nada e não se lembrarão de quantos pontos cada jogador fez. Isso é esperado e desejado, pois a ideia é que o registro surja como uma resposta ao problema de não recordar quem ganhou.

Para que esse problema realmente surja, você pode organizar uma roda de conversa sobre o jogo no dia seguinte. Faça perguntas como:

- O que aconteceu durante a partida? Quem ganhou o jogo?
- Por que não sabem? Como podem fazer para saber de uma próxima vez?

É esperado que as crianças concluam que é preciso registrar os pontos para não se esquecer. Se isso não ocorrer, você pode perguntar: será que se anotarmos os pontos a gente se esquece? Tenha cuidado, porém, para não sugerir o modo de anotar os pontos. Você pode confeccionar um cartaz com esta informação:

> Para não esquecer quem ganhou, é importante **anotar os pontos** de cada jogador.

Esse registro será retomado na próxima etapa do jogo.

Em uma segunda etapa de jogo, retome o que foi anotado no cartaz sobre a necessidade do registro dos pontos e, em seguida, organize as crianças novamente em grupos de quatro. Dessa vez, o secretário realizará o registro de acordo com o que foi combinado entre todos. Cada secretário buscará uma forma própria para registrar. Muitas vezes o registro é feito sem considerar a quem pertencem os pontos, portanto sem poder determinar quem é o vencedor.

Ao final da jogada, você pode organizar uma nova roda de conversa para compartilhar os diferentes modos de registrar os pontos. Faça perguntas como:

- É possível saber quem ganhou?
- De quem são esses pontos?
- Quem fez 8 pontos?

> Após essa análise, as crianças podem **concluir** que é necessário **anotar** o nome de cada jogador junto com seus **pontos**. Essa conclusão também **deve ir para o cartaz**.

A terceira etapa se inicia com a retomada do cartaz e com uma nova situação de jogo. Novamente, ao final da partida, você pode organizar uma roda para conversar sobre o jogo e os registros.

Convide as crianças a comparar como cada grupo anotou seus pontos, se usaram bolinhas, palitos, números e proponha que analisem se é possível saber quantas vezes cada jogador lançou os dados. Embora as regras determinem que são três jogadas, as crianças não costumam ater-se a isso. Sugerimos que você só retome esse aspecto da regra nessa etapa da sequência, para problematizar a forma de registrar.

Novamente anote no cartaz as conclusões do grupo para que possam retomar uma próxima vez.

Na página 78 do Livro do Estudante, apresentamos alguns registros feitos por crianças de 5 anos durante um jogo desse tipo, para que sua turma possa analisar e aprimorar seus próprios registros. ∎

O jogo Stop, também conhecido como Adedonha, é uma divertida brincadeira, muito popular entre crianças, jovens e adultos. Requer apenas materiais simples – lápis e papel – e pode ser jogado em qualquer lugar.

O objetivo do jogo é escrever não só a **maior quantidade de palavras** antes dos outros jogadores, que começam com uma letra específica, mas também obter a **maior pontuação**.

Embora seja um jogo simples, envolve desafios interessantes, principalmente para as crianças pequenas que ainda não escrevem convencionalmente. A cada partida, os jogadores sorteiam uma letra. No Adedonha, os jogadores dizem "adedonha" e colocam o número de dedos que quiserem à mostra. Depois contam os dedos como se cada um deles fosse uma letra do alfabeto. Em seguida, buscam palavras iniciadas pela letra sorteada. Para tanto, as crianças podem se apoiar na lista de nomes do grupo e na galeria de animais ao final do livro.

É interessante organizar a turma em duplas e com apenas uma cartela para que possam trocar informações sobre a escrita das palavras. Nas duplas, cada criança ora desempenha o papel daquele que dita para que o colega escreva, ora daquele que escreve o que o colega dita, sempre discutindo com quais letras se escreve cada palavra.

Terminado o jogo, peça que as crianças expliquem o que fizeram para escrever os nomes. Nesse momento, os saberes de uma se tornam de todas, pois acontecem o compartilhamento de ideias e a argumentação.

Conversa de avião:

No assento atrás do meu, viajava pai e filho pequeno, por volta dos 5 anos de idade. Enquanto aguardávamos o avião decolar, os dois brincavam de dizer letras de nomes. Depois de refletir, o menino diz ao pai: "É o **F** de '**ELEFANTE**'". E o pai o corrige: "Não, **F** de **FACA**...". ∎

Páginas **80** e **81**

Viagem pelo rio Solimões é mais um jogo de percurso cujo tabuleiro foi confeccionado pelos professores ticuna. O desafio aqui é percorrer um caminho maior e jogar com dois dados, realizando, assim, a soma de suas quantidades. Além disso, as operações de adição e subtração também entram em jogo ao avançar ou retroceder no percurso.

Para se preparar para propor esse jogo para a sua turma, é importante **consultar as orientações** que apresentamos para o jogo Lagoa da Tartaruga, nesta unidade, pois como ambos são **jogos de percurso**, os procedimentos do professor se assemelham.

O momento do jogo é especialmente rico, tanto para o professor como para as crianças. Nessa etapa, é importante observar os grupos, retomando as regras do jogo para aquelas que não as compreenderam ou as esqueceram e anotando diferentes momentos do jogo em que se expressam as estratégias que as crianças utilizam para jogar.

> Quando a criança joga e é acompanhada por um profissional que propõe análises de sua ação, descobre a importância da antecipação, do planejamento e do pensar antes de agir. Por sentir-se desafiada a vencer aprende a persistir, aprimorando-se e melhorando seu desempenho, não mais apenas como uma solicitação externa, mas principalmente como um desejo próprio de autossuperação (MACEDO, 2000, p. 25). ∎

Professores ticuna fazem jogos de percurso temáticos.

Páginas 82 e 83

O trabalho com jogos presentes em diferentes culturas, como os jogos de matrizes indígena e africana, que representam um patrimônio cultural da humanidade, contribui para que as crianças se aproximem, experimentando diferentes brincadeiras e formas próprias de pensar e representar próprias de cada cultura.

Na brincadeira a criança se relaciona com conteúdos culturais que ela reproduz e transforma, dos quais ela se apropria e lhe dá uma significação. A brincadeira é a entrada na cultura, numa cultura particular, tal como ela existe num dado momento, mas com todo seu peso histórico.

> A criança se apodera do universo que rodeia para harmonizá-lo com sua própria dinâmica. Só se faz num quadro específico, por meio de uma atividade conduzida pela iniciativa da criança, quer dizer, uma atividade que ela domina, e reproduz em função do interesse e do prazer que extrai dela. A apropriação do mundo exterior passa por transformações, por modificações, por adaptações, para se transformar numa brincadeira: é a liberdade de iniciativa e de desdobramento daquele que brinca sem o qual não existe a verdadeira brincadeira (BROUGÈRE, 2010, p. 82).

Por isso, é importante ler em voz alta o pequeno texto informativo apresentado na página 82 e convidar as crianças a conversar a respeito do que é contado ali sobre a presença dos jogos de percurso desde tempos muito antigos, solicitando que as crianças compartilhem suas ideias sobre porque se joga desde antigamente, o que os jogos têm de interessante e por que as pessoas gostam de se encontrar e partilhar um momento de jogo.

Também é interessante fazer a **apreciação das imagens** de tabuleiros, **observando** o que está desenhado em cada um e **que histórias as imagens contam**. ■

Página 84

VAMOS PENSAR SOBRE OS JOGOS DE PERCURSO?

[PEDRO E JOÃO ESTAVAM BRINCANDO COM O JOGO DO GANSO. O PEÃO DE JOÃO ESTAVA NA CASA 9. ELE TIROU 6 NOS DADOS. EM QUE CASA DEVERÁ COLOCAR SEU PEÃO?]

[EM OUTRA JOGADA, O PEÃO DE JOÃO ESTAVA NA CASA 28, E ELE TIROU 4 NOS DADOS. EM QUE CASA DEVERÁ COLOCAR SEU PEÃO?]

[AGORA, OS MENINOS RESOLVERAM JOGAR COBRAS E ESCADAS. O PEÃO DE PEDRO ESTAVA NA CASA 12. QUANTO ELE PRECISA TIRAR NOS DADOS PARA IR PARA A CASA 15?]

[EM OUTRA JOGADA, O PEÃO DE PEDRO ESTAVA NA CASA 94. QUAL NÚMERO ELE PRECISA TIRAR NOS DADOS PARA GANHAR?]

PÁGINA OITENTA E QUATRO

A observação dos momentos de jogo permite planejar intervenções mais ajustadas às necessidades das crianças. Por exemplo, é comum que, em jogos desse tipo, as crianças digam "um" contando a casa em que estão. Se observar esse tipo de estratégia, você pode organizar uma conversa sobre essa situação no momento da roda e perguntar:

> O que acontece no jogo quando tiramos **1** no dado?
>
> Ficamos no mesmo lugar ou avançamos **1**?

Outro aspecto a observar são as estratégias que as crianças utilizam para contar os pontos dos dados e andar com o peão no tabuleiro. Por isso, observe como cada criança da sua turma faz para contar:

- Ela precisa contar todos os pontos do dado?
- Ao jogar com dois dados, parte da quantidade de um deles e segue contando a outra?
- Reconhece os pontos sem contar?
- Desloca corretamente o peão no tabuleiro?

Com base nas questões encontradas pelas crianças durante o jogo, você pode planejar algumas situações-problema, como as apresentadas na página 84 do Livro do Estudante.

Essas situações permitem **compartilhar ideias** e **estratégias** – já que, além de jogar, é importante que as crianças **reflitam** sobre o jogo.

Para tanto, você pode organizar as crianças em duplas e propor que elas resolvam situações-problema, como as desta página, sobre uma determinada ocorrência durante a partida.

Página 85

Depois que cada dupla tiver resolvido a situação a seu modo, você pode recolher as atividades e ver **o que há em comum entre as soluções** encontradas.

Uma forma de problematizar as diferentes estratégias é apresentá-las a todos e propor que as crianças conversem sobre elas, procurando explicar suas respostas. Algumas perguntas feitas pelo professor auxiliam nesse processo:

- Afinal, em que casa o peão vai parar?
- Mas se o dado indica 6, não é para pôr na casa 6?
- Como saber em que casa devemos começar a contar 6?

Quando você avaliar que sua turma já teve a oportunidade de conhecer diferentes jogos de percurso, jogá-los e construir bons procedimentos de contagem, adição e subtração para avançar ou retroceder no tabuleiro, é interessante propor que as crianças construam seus próprios jogos de percurso.

Nessa construção, poderão ampliar os conhecimentos que utilizaram ao jogar, e, também, terão ótimas oportunidades para refletir sobre a sequência numérica – ao se preparar para numerar o tabuleiro – e também sobre escrita de pequenos textos – ao preparar as "armadilhas", instruções em que se indica ao jogador a possibilidade de avançar casas, a necessidade de retroceder ou a perda da vez.

Para convidar as crianças para esse trabalho, é interessante ler em voz alta o texto da página 85 do Livro do Estudante e conversar com as crianças sobre a experiência da turma da professora Lisiane Hermann Oster na escola de Educação Infantil do Sesc, no município de Ijuí, Rio Grande do Sul.

É interessante explorar o mapa do Brasil, apresentado na página, e ver onde se localiza a cidade de Ijuí, estabelecendo relações com o local em que vocês se encontram. Vale a pena também explorar as fotos com as crianças, convidando-as a compartilhar suas hipóteses acerca do que está acontecendo em cada foto.

Ao final da conversa, faça o convite:

O que acham da ideia de **construirmos** nossos **jogos**, também? ■

Para dar início a esse projeto, você pode analisar com sua turma os tabuleiros apresentados na página 86 e propor uma conversa sobre os temas que as crianças acham interessantes.

Você pode retomar os tabuleiros dos jogos apresentados nesta unidade e relacioná-los aos temas dos tabuleiros das páginas: "vejam, nesta unidade conhecemos um tabuleiro em forma de tartaruga, outro que mostrava uma viagem de barco, um tabuleiro que contava uma história – no jogo da Glória – e um tabuleiro com cobras e escadas. Aqui, nesta página, temos um tabuleiro com um jogo de futebol, um tabuleiro com o caminho de casa, um tabuleiro de corridas de carros e um com um passeio na floresta. Qual deles vocês acham mais interessante? Que outros temas poderiam ser escolhidos para um tabuleiro de jogo de percurso?".

Depois de uma boa **troca de ideias**, organize as crianças em grupos e peça que cada grupo **liste ideias** para o **tema** do seu tabuleiro.

Quando os grupos se decidirem em torno de algumas ideias que achem boas, peça que tomem nota desses temas no espaço ao final da página 86.

A proposta aqui é que as crianças possam se apoiar mutuamente na escrita dessa pequena lista, conversando com elas sobre cada palavra (tema) a escrever, discutindo que letras se usa para escrever essa palavra e em que ordem. É importante circular entre os grupos e ir apoiando essa reflexão ou organizar outros cantos de atividade em que as crianças possam fazer um trabalho mais autônomo em sala, para que você possa sentar-se com um grupo por vez e problematizar e apoiar a escrita dos temas escolhidos por elas.

Tome notas dos temas escolhidos pelos grupos, para que possa apoiá-los na **leitura da lista**, no próximo encontro desse projeto. ■

93

uma cartolina para desenharem, com todo o capricho, seu percurso. Ajude as crianças a assumir funções específicas no trabalho em grupo, decidindo quem irá contornar o percurso com canetinha; quem irá escrever o título com o nome do jogo; que dupla irá cuidar da escrita dos números.

Essas funções podem ser alternadas pelas crianças, o importante é que **todos** possam participar dessa construção coletiva.

Em outro dia, convide as crianças a pensar nas casas especiais do jogo, também chamadas "armadilhas", que são acompanhadas de instruções, como avançar ou voltar algumas casas.

No próximo dia, organize as crianças nos mesmos grupos e peça que retomem as ideias de temas que levantaram na conversa anterior. Comente que, como tomaram notas desses temas, escrevendo no espaço da página 86, agora podem recuperar todas as ideias que tiveram.

Circule entre os grupos ajudando as crianças a ler as palavras anotadas e, quando todos tiverem recuperado as ideias que levantaram anteriormente, convide os grupos a decidir-se por uma única ideia, que será o tema do jogo do grupo.

Quando todos tiverem seus temas definidos, construa uma lista coletiva de temas, em cartolina ou em outro tipo de papel, para deixar afixada na sala e convide os grupos a pensar em qual será o formato de seu tabuleiro.

Para isso, cada criança pode usar o espaço da página 87 para fazer um esboço de sua ideia e, ao final, o grupo deve se decidir por um percurso.

Em outro dia, peça que as crianças se organizem nos mesmos grupos e entregue a cada grupo

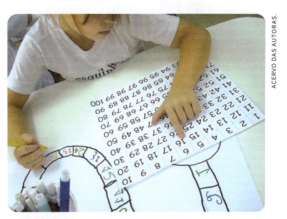

94

Página 88

> Então, organize um **cartaz** com esses textos de armadilhas e deixe **afixado à altura dos olhos** das crianças.

Num próximo dia, peça que as crianças voltem a se organizar nos grupos e explique que elas devem entrar em acordo sobre em quais casas haverá armadilhas. Depois, devem decidir quais vão querer usar a partir desse consenso e se dividir para copiar as armadilhas que depois serão coladas nos tabuleiros.

Uma vez finalizada essa etapa, organize outros encontros dos grupos para pintar e embelezar os tabuleiros. Quando tudo estiver pronto, vale a pena organizar uma tarde de jogos na escola, para que as crianças apresentem seus jogos e joguem com seus familiares.

Para construir o texto das armadilhas, primeiro é importante debater os tipos de armadilha que vão aparecer nos jogos de toda a turma, como avançar casas, voltar casas, ficar uma vez sem jogar, voltar ao início e chegar ao fim.

Quando todos estiverem de acordo sobre os tipos de armadilha que vão aparecer nos jogos da turma, construa coletivamente esses textos, pedindo que as crianças ditem em voz alta enquanto você registra no quadro.

Releia, ao final, convidando todos a revisarem o texto até considerarem que está claro para as crianças, e pode ser escrito nos jogos. Por exemplo:

AVANCE 5 CASAS
VOLTE 2 CASAS
FIQUE 1 VEZ SEM JOGAR
VOLTE AO INÍCIO
PARABÉNS, VÁ ATÉ A ÚLTIMA CASA

Página 89

Em um jogo a criança pequena coloca em ação tudo o que sabe. Compartilhando esses saberes com outros jogadores, todos interagem e avançam em sua forma de compreender não apenas as regras do jogo, mas também a si próprio. Jogar é uma boa forma de conhecer-se. Dados e peões são instrumentos para percorrer caminhos nos jogos de trilha. Cada dado é um cubo, figura geométrica de faces iguais, cujos números de seus lados opostos sempre somam sete, o que promove desafios para a criança pequena, com surpresas a cada etapa. ■

UNIDADE 4 · CONCLUSÃO

Os jogos são um contexto muito favorável para observar as estratégias de contagem e de registro de quantidade ao longo do ano. Para isso, é importante, durante as partidas, anotar como cada criança pequena resolve os problemas apresentados pelo jogo.

Você pode observar se:

- Ela precisa contar todos os pontos do dado?
- Ao jogar com dois dados, parte da quantidade de um deles e segue contando a outra?
- Reconhece os pontos sem contar?
- Desloca corretamente o peão no tabuleiro?
- Como a criança registra a quantidade (traços, um número para cada objeto ou apenas um número para o total de objetos)?

Modelo de planilha para registro:

Crianças	Como contam objetos que podem mover?	Como registram quantidades?

UNIDADE 5 · INTRODUÇÃO

Páginas **90** e **91**

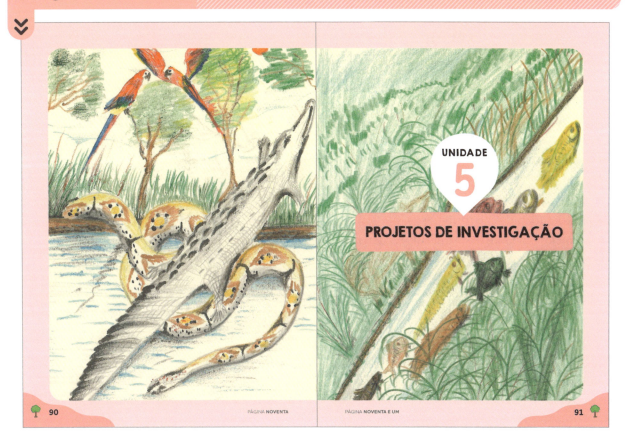

Nesta unidade, são disponibilizados materiais para dois projetos de investigação.

Os projetos de investigação podem ter duração variável. Dentro de um projeto, atividades pontuais e sequências didáticas se combinam integrando diferentes Campos de Experiências.

Para realizar um projeto é preciso ir mais longe e buscar outros meios de pesquisa que situam a escola em um contexto mais amplo.

Por isso tem o potencial de envolver **toda a comunidade escolar** – crianças pequenas, seus familiares, professores, gestores e população local, com seus **hábitos** e sua **cultura**.

 No material presente no **Material do Professor Digital**, você encontra complementos aos projetos de investigação aqui propostos, bem como formas de realizar seu planejamento anual.

Cada um dos dois projetos envolve os cinco Campos de Experiências:

- O eu, o outro e o nós;
- Corpo, gestos e movimentos;
- Traços, sons, cores e formas;
- Escuta, fala, pensamento e imaginação;
- Espaços, tempos, quantidades.

97

O primeiro deles, Investigar Árvores, tem como um dos produtos o jogo **SuperCarta Árvores do Brasil**.

Inclui conhecimentos elementares sobre o mundo natural e social e tópicos diversos para atividades, jogos e brincadeiras.

O segundo, "Projeto pinturas nas paredes", envolve pesquisas sobre cavernas e pinturas em suas paredes, datadas de milhares de anos atrás.

Os projetos propostos nesta unidade requerem das crianças o exercício da leitura e escrita emergente, estratégias de comparação numérica e uso de medidas, desenvolvendo o raciocínio lógico e matemático, envolvendo conteúdos de numeracia e literacia.

É importante ressaltar que esses projetos envolvem extenso e intenso trabalho de **exploração** e **pesquisa**, com documentação da forma de **brincar**, **conviver** e **participar** de cada uma das crianças pequenas ao longo do ano letivo. Um projeto possibilita a todos **conhecer-se** melhor.

OBJETIVOS PEDAGÓGICOS

- Agir de maneira independente, com confiança em suas capacidades, reconhecendo suas conquistas e limitações (**BNCC: EI03EO02**).
- Ampliar as relações interpessoais, desenvolvendo atitudes de participação e cooperação (**BNCC: EI03EO03**).
- Comunicar suas ideias e sentimentos a pessoas e grupos diversos (**BNCC: EI03EO04**).
- Manifestar interesse e respeito por diferentes culturas e modos de vida (**BNCC: EI03EO06**).
- Coordenar suas habilidades manuais no atendimento adequado a seus interesses e necessidades em situações diversas (**BNCC: EI03CG05**).
- Expressar-se livremente por meio de desenho, pintura, colagem, dobradura e escultura, criando produções bidimensionais e tridimensionais (**BNCC: EI03TS02**).
- Expressar ideias, desejos e sentimentos sobre suas vivências, por meio da linguagem oral e escrita (escrita espontânea), de fotos, desenhos e outras formas de expressão (**BNCC: EI03EF01**).
- Escolher e folhear livros, procurando orientar-se por temas e ilustrações e tentando identificar palavras conhecidas (**BNCC: EI03EF03**).
- Levantar hipóteses sobre gêneros textuais veiculados em portadores conhecidos, recorrendo a estratégias de observação gráfica e/ou de leitura (**BNCC: EI03EF07**).
- Levantar hipóteses em relação à linguagem escrita, realizando registros de palavras e textos, por meio de escrita espontânea (**BNCC: EI03EF09**).
- Estabelecer relações de comparação entre objetos, observando suas propriedades (**BNCC: EI03ET01**).
- Identificar e selecionar fontes de informações, para responder a questões sobre a natureza, seus fenômenos, sua conservação (**BNCC: EI03ET03**).
- Registrar observações, manipulações e medidas, usando múltiplas linguagens (desenho, registro por números ou escrita espontânea), em diferentes suportes (**BNCC: EI03ET04**).
- Classificar objetos e figuras de acordo com suas semelhanças e diferenças (BNCC: **EI03ET05**).
- Expressar medidas (peso, altura etc.), construindo gráficos básicos (**BNCC: EI03ET08**).

UNIDADE 5 · PÁGINA A PÁGINA

Página 92

O *livro das árvores* é fruto do trabalho realizado pela Organização Geral dos Professores Ticuna Bilíngues (OGPTB), criada em 1986, que abrange os municípios de Benjamin Constant, Tabatinga, São Paulo de Olivença, Amaturá, Santo Antônio do Içá e Tonantins, na região Alto Rio Solimões (AM). O livro é o registro da intensa relação dos ticuna com a terra, com a floresta e com as árvores. Representa, também, um valioso registro das várias espécies da flora e da fauna, dos rituais, crenças e lendas, da organização social, dos valores e costumes desse grupo indígena, atualmente o mais numeroso do país, com aproximadamente 32 mil pessoas em suas 100 aldeias.

> Ao ler esse texto para as crianças pequenas, é bom fazer **pausas** e **escutar** os comentários que elas têm a fazer.

O texto sugere, entre tantos elementos da vida natural, uma definição de rios, igarapés, igapós, cada um deles de dimensões diversas e todos afluindo para lagos ou rios maiores. Um estudo com as crianças pequenas dos rios em sua região fica aqui sugerido. E a observação de árvores que é o fundamento desse projeto investigativo.

Para imaginar a terra do povo ticuna – se você não é um professor ticuna ou morador da região, o melhor é **explorar e pesquisar** seu modo de vida. O Instituto Sócio ambiental (ISA) disponibiliza fotos, vídeos, informações e referências sobre o povo ticuna. (Disponível em: <bit.ly/3cM99Hp>. Acesso em: 3 set. 2020.)

Ao longo da pesquisa as crianças pequenas poderão realizar, com lápis preto em outros papéis, estudos ou esboços de desenhos. Recomenda-se sempre usar o lápis 6B, de grafite mais mole, que produz traço visível, e permite gradações de cinzas, conforme se coloque mais ou menos força do lápis sobre o papel.

> Assim, quando a criança **completar** a floresta com seu desenho nessa página do Livro do Estudante, terá seu **repertório ampliado**, incluindo seu próprio modo de desenhar, e poderá ficar satisfeita com o **resultado**.

Para compor o jogo SuperCarta Árvores do Brasil, será necessário participar de um projeto investigativo. Esse projeto apresenta um percurso possível de investigação sobre árvores brasileiras com o objetivo de saber mais sobre árvores brasileiras, realizar pesquisas e desenhos de observação e desenvolver estratégias de comparação numérica, construir com as crianças o jogo SuperCarta Árvores do Brasil.

Para realizar essa **proposta**, é importante que as crianças conheçam o **Super Trunfo**, jogo comum em escolas e disponível no mercado. Caso nem todas o conheçam, é fundamental **organizar momentos** de jogo antes de fazer a proposta.

Em seu planejamento anual, projetos podem ter a duração de um mês, um trimestre ou semestre. Um conteúdo complementar para o seu planejamento encontra-se no Material do Professor Digital.

COMO JOGAR

SuperCarta Árvores do Brasil é um jogo de cartas com imagens e informações de árvores de regiões brasileiras para exploração e pesquisa. Uma criança compara sua carta com a do outro jogador.

– Menino, menina escolha bem a característica que vai utilizar a cada rodada, pois, se sua carta ganhar, você fica com a carta do outro jogador; se perder, ele fica com sua carta.

No final, vence quem tem o maior número de cartas. ■

Nesse livro ilustrado por sua filha Rosa Moreau Antunes quando tinha 5 anos de idade, Arnaldo Antunes nos traz uma visão, ao mesmo tempo, poética e realista sobre temas como o mar, as cores, a chuva, os avós e as árvores que aqui trazemos para sua apreciação junto com as crianças.

Arnaldo Antunes musicou esse texto e pode ser ouvido cantando essa canção com Jorge Benjor.

É possível **cantar com as crianças** a canção tendo o texto escrito como referência, em mãos.

Dessa forma, as crianças pequenas poderão fazer correspondências entre os sons das palavras e a forma de escrevê-las, atividade fundamental para interagir com a literacia emergente nessa faixa etária.

Para levantar o conhecimento prévio das crianças e conhecer seu interesse sobre o assunto, não basta apenas uma roda de conversa inicial. É fundamental favorecer a interação das crianças com o tema proposto, pois alguns conhecimentos e hipóteses que não apareceriam em uma conversa emergem em uma experiência de interação com o meio.

Por isso, orienta-se aqui uma saída a campo para observar árvores. Pode ser na própria escola, em uma praça próxima ou em um parque da cidade. Antes de sair é importante compartilhar com as crianças o foco da observação, além de alguns combinados de segurança e convívio. Obviamente, esses combinados precisarão ser retomados durante a visita.

CARACTERÍSTICAS: chamar atenção das crianças para diferentes características das árvores:

- a textura do caule;
- a forma como as raízes fixam a árvore na terra, se é possível observá-las ou não;
- a cor e o formato das folhas;
- flores e frutos, se houver;
- onde ficam as sementes;
- a altura da árvore comparada com as próprias crianças, com outras árvores e com construções próximas;
- a circunferência do tronco, isto é, quantas crianças são necessárias para circundá-la;
- se a árvore atrai passarinhos ou insetos;
- se houver mais de uma árvore, observar no que se parecem e no que se diferem.

Sair a campo para **observar** árvores favorece que as crianças falem sobre suas **hipóteses**.

Para construir o jogo, será preciso saber mais sobre as árvores, aprofundar o olhar sobre suas características, retomar o que as crianças conversaram, rever os desenhos que fizeram e ouvir o

101

que elas têm a dizer sobre o desenvolvimento do projeto. Se necessário, convém incluir etapas ou fazer modificações.

Ampliar um pouco mais a conversa, perguntando sobre outras árvores que as crianças possam conhecer:

- Tem árvores perto da casa de vocês?
- E no caminho da sua casa para a escola?
- Como são essas árvores?
- De que cor são suas folhas? E o tronco?
- Dá para ver suas raízes?
- Elas dão flores ou frutos?
- Vocês sabem como elas se chamam?

Registro coletivo – nesse momento, é possível fazer um registro coletivo em cartaz e afixá-lo junto ao painel de desenhos.

As conclusões da turma, assim como suas dúvidas, precisam ser registradas para que possam alimentar a continuidade da pesquisa e enriquecer o painel coletivo.

> Em contextos de conversa, apreciando desenhos dos colegas e de artistas, as crianças e todos da escola podem conhecer mais sobre como cada um desenha e utiliza a linguagem do desenho (NALINI, no prelo).

Uma forma de ampliar o conhecimento de árvores da turma é por meio da apreciação de desenhos e pinturas sobre elas ou, ainda, da produção de desenhos de observação.

Dessa forma, os dois desenhos solicitados nessa página correspondem a uma finalização de etapas em seu projeto de investigação sobre as árvores brasileiras. ∎

 Detalhamento de todas as etapas e material complementar para construção e avaliação do jogo SuperCarta Árvores do Brasil encontram-se no Material do Professor Digital.

Marianne North foi, em muitos aspectos, uma mulher à frente de seu tempo. Aristocrata, decidiu não se casar para dedicar-se às artes e ter a liberdade de conhecer as paisagens do mundo, pois era uma apaixonada pela natureza. Essa artista inglesa esteve no Brasil entre 1872 e 1873 para retratar em pinturas a paisagem e a flora brasileiras e, já nessa época, revelava preocupações ecológicas em seu diário.

> Os quadros de North, com intensos tons de rosa, amarelo, escarlate, revelam uma paleta de cores tropicais na paisagem que, para um público britânico mais habituado a sutis variações de verdes em meio a um colorido aguado, beirava alucinações visuais. Essa inglesa, que aos 43 anos viajou sozinha ao Brasil, soube, como ninguém, capturar as maravilhas botânicas em seus ecossistemas, unindo a arte à ciência (BANDEIRA, 2012, p. 7).

Você poderá fazer uma leitura em voz alta do texto, com cada uma das crianças pequenas tendo em mãos seu exemplar do Livro do Estudante, para acompanhar com o dedo, em seu ritmo de leitura, que corresponde ao modo como interpreta a correspondência entre sons e palavras. O texto pode ser lido mais de uma vez de acordo com conversas a serem desenvolvidas na roda.

Alguns dos temas a serem conversados:

- Há quanto tempo Marianne North esteve no Brasil?
- Como será que realizou estas pinturas?
- Que árvores serão estas que ela pintou nas imagens?

Leia para as crianças as legendas das imagens, como referência.

Para realizar a atividade solicitada, de dar nome para cada um dos quadros que Marianne pintou em sua estadia no Brasil (1872-1873), todo o estudo realizado com as crianças pequenas no projeto investigativo sobre Árvores no Brasil será de extrema utilidade. Bananeira e bambu são algumas das árvores que estão nas pinturas, o que pode ser visto também como referência.

Na **escrita dos nomes**, considere sempre o que é próprio da **escrita emergente** de cada uma das **crianças pequenas**.

Página 97

O BURITI FAZ PARTE DA VIDA DOS TICUNAS, POIS É UMA ÁRVORE MUITO COMUM NA AMAZÔNIA, ONDE ELES VIVEM. O BURITI PODE CHEGAR A 35 METROS DE ALTURA E PRECISA DE MUITA ÁGUA PARA VIVER.

TEMANECÚ, COMO É CHAMADO O BURITI EM TICUNA, ATRAI ANIMAIS COMO ANTA, CAITITU, VEADO, JABUTI, CUTIA, CUTIARA, QUEIXADA, QUATIPURU, PACA, TATU, CUTIAIA, MACACO-BARRIGUDO, MACACO-GUARIBA, MACACO-DA-NOITE. E CERTAS AVES, COMO INAMBU, TUCANO, PAPAGAIO, MUTUM, ARARA.

AS ARARAS, POR EXEMPLO, GOSTAM DE FAZER SEUS NINHOS NOS TRONCOS SECOS DOS BURITIS.

[VEJA COMO DOIS ARTISTAS DESENHARAM O BURITI.]

BURITIZAL, LAURENTINO GASPAR BEZERRA

PALMEIRAS DE BURITI COM VELHAS ARAUCÁRIAS AO FUNDO, MARIANNE NORTH

A obra O *buritizal*, de Laurentino Gaspar Bezerra, compartilha seu olhar como artista ticuna sobre a natureza que o cerca e lhe serve de morada, compartilhando suas concepções do real e do imaginário, numa linguagem em que se entremeiam conhecimentos práticos, valores simbólicos e inspiração poética.

Nessa página, assim como na anterior, você poderá fazer uma leitura em voz alta do texto. Cada criança deve ter em mãos seu exemplar do Livro do Estudante para que acompanhe em seu próprio ritmo de leitura, que corresponderá ao modo como ela interpreta a correspondência entre sons e palavras.

O texto pode ser lido mais de uma vez de acordo com **conversas** a serem desenvolvidas na roda.

103

O texto da página 97 apresenta, também, nomes de animais. Alguns deles podem ser encontrados na Unidade 1 – Livro da Fauna, outros serão bem-vindos para ampliar o repertório das crianças.

Palmeiras de buriti com velhas araucárias ao fundo, Marianne North.

O buritizal, temanecü, Laurentino Gaspar Bezerra.

Página 98

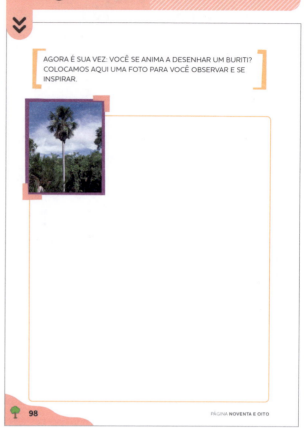

Uma vez tendo sido realizadas todas as etapas do projeto investigativo sobre árvores, as crianças terão adquirido um corpo consistente de conhecimentos sobre elas. Terão também aprendido e desenvolvido formas de desenhá-las.

Na **proposta** dessa página, as crianças podem colocar em jogo tudo o que aprenderam até aqui realizando um **desenho de observação** da imagem oferecida.

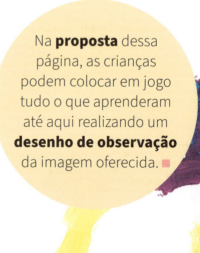

104

informações de que necessitam, é preciso ler as informações da carta do SuperCarta, que deverão completar, e retomar a leitura dos subtítulos das fichas técnicas. Em seguida, pedir que cada grupo localize onde estão as informações numéricas e, então, perguntar onde acham que está escrito **ALTURA** e onde está escrito **CIRCUNFERÊNCIA**.

Compartilhar as pistas – nesse processo, antes de confirmar as respostas e dizer onde está escrito o quê, é importante promover a troca de ideias, convidando as crianças a compartilhar as pistas que encontraram para localizar as informações, mesmo que não estejam certas, incentivando as turmas a pensar sobre elas e testá-las, até chegar a acordos comuns.

É chegado o momento de ler com as crianças o texto da página 99, que trata da elaboração das cartas do jogo. Será importante destacar as Regras do Jogo, e, para isso, você poderá reproduzi-las em uma folha de cartolina, que ficará afixada na classe.

Nesta etapa, as crianças deverão ler as fichas para buscar informação numérica e para construir o SuperCarta Árvores do Brasil.

Para organizar o momento de pesquisa, é interessante formar duplas ou trios e entregar para cada criança uma Ficha Técnica de Árvore.

Antes de tudo, é preciso compartilhar com o grupo a tarefa:

> Construir a **carta da árvore** de sua ficha completando as informações – **nome**, **altura** e **circunferência** do tronco – e, depois, **ilustrá-la**.

O professor entrega uma cartinha para cada grupo. Para ajudar os alunos a encontrar as

Para que as crianças possam preencher informações sobre a altura e circunferência das árvores nas cartas, elas escrevem o nome da árvore e fazem um desenho correspondente, sendo necessário

105

que muito trabalho de exploração e pesquisa seja realizado. Assim, a realização do jogo é o resultado de meses de trabalho conjunto e compartilhado.

Já para ajudar as crianças a encontrar as informações de que necessitam, é preciso ler as informações da carta do SuperCarta, que deverão completar, e retomar a leitura dos subtítulos das fichas técnicas disponíveis no Material do Professor Digital. Em seguida, peça a cada grupo para que localize onde estão as informações numéricas e, então, pergunte onde acham que está escrito **ALTURA** e onde está escrito **CIRCUNFERÊNCIA**.

Nesse processo, antes de **confirmar as respostas** e dizer onde está escrito o quê, é importante promover a **troca de ideias**, convidando as crianças a compartilhar as **pistas** que encontraram para localizar as **informações**, mesmo que não estejam certas, **incentivando as turmas a pensar** sobre elas e testá-las, até chegar a **acordos comuns**.

Durante a atividade, você pode percorrer os grupos, observar como as crianças fazem para localizar a informação e fazer perguntas que possam ajudá-las a localizar o que precisam.

Com o jogo pronto,
é hora de jogar!

As crianças podem convidar outros grupos ou podem jogar entre si.

Durante a atividade, percorrer os grupos, observar como as crianças fazem para localizar a informação e fazer perguntas que possam ajudá-las a localizar o que precisam. ■

Norbert Aujoulat empreendeu ampla e multidisciplinar pesquisa em Lascaux (lê-se Lascô) de 1988 a 1999, para compreender o que mobiliza o Homem de Lascaux a realizar desenhos e pinturas que nos afetam em alegria e vivacidade até os dias de hoje.

Os dados que se seguem encontram-se disponíveis no site lascaux.culture.fr, coordenado por Norbert Aujoulat até a data de sua morte, em 2011. Nesse site, de informações precisas, as paredes da caverna recobertas de calcita branca são chamadas de **suporte** para **pinturas** e **desenhos**; quando se trata de material menos duro, nossos ancestrais ali realizaram **gravuras**.

A paleta de cores era constituída de pigmentos de origem mineral: vermelhos da hematita, amarelos das goethitas e corantes negros sempre obtidos à base de óxido de manganês.

Podemos imaginar a grande sala de Lascaux com andaimes, dezenas de lâmpadas iluminando-a, o grupo de pessoas mantendo o artista ou os artistas à custa do trabalho dos demais, até completar a criação. Andaime e lâmpada foram encontrados nas pesquisas arqueológicas em Lascaux.

Sobre a caverna de Chauvet há muito o que explorar e pesquisar com as crianças. Se for possível, assista ao filme *A caverna dos sonhos esquecidos* (2011), de Werner Herzog, no qual passeamos dentro da caverna e vemos em detalhes as pinturas nas paredes.

> Assim como no caso do jogo **Árvores do Brasil** é possível **empreender** com as crianças um **projeto investigativo** sobre pinturas de nossos ancestrais em paredes de cavernas.

O parque localiza-se em São Raimundo Nonato, no Piauí, e pode ser visitado virtualmente no site da Fundação do Homem Americano (FUMDHAM).

Professoras e professores que morem nessa região podem empreender um estudo do meio com as crianças. Em seguida organizar pinturas em pedras de sua região, com pigmentos naturais, de acordo com suas possibilidades. Um estudo dessa natureza envolve toda comunidade escolar e pode se estender ao longo do ano.

> Conteúdos de **leitura** e **escrita** de números e palavras formarão um repertório a ser **continuamente explorado** e **expandido**. Esse repertório poderá também ser organizado em **glossário** e **dicionário** da turma.

Para responder à pergunta "QUAL DESSAS CAVERNAS TEM OS DESENHOS MAIS ANTIGOS?" as crianças pequenas vão colocar em jogo tudo o que já sabem sobre nosso sistema de numeração em base decimal. Nesse caso, atuamos como mediadores oferecendo para as crianças informações que são estruturantes para pensar sobre o mundo dos números. Para apoiar as crianças nessa comparação, leia as orientações apresentadas nas páginas 41, 43 e 60.

> É importante **registrar** a roda de conversa. Só assim podemos **compreender o ponto de vista** de cada uma das crianças de sua turma.

Página 102

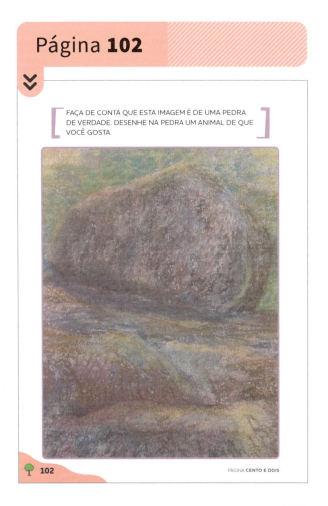

Na página 102, a criança olha para a imagem e desenha o que vê nas reentrâncias e saliências representadas com giz pastel, um desenho de observação de pedras na região da Serra das Cabras, um braço da Serra da Mantiqueira, Campinas, São Paulo.

Esse é um desenho a ser feito como finalização de um projeto investigativo sobre pinturas em pedras. E, se possível, tendo feito pinturas em pedras verdadeiras.

Para pintar, teremos que dissolver pigmentos em uma emulsão, que, no caso da têmpera, é a gema de ovo. Mas a têmpera é usada sobre paredes preparadas, sobre tela ou madeira, e teremos que descobrir a mistura que melhor funciona sobre pedras, cada pessoa em seu entorno, com as riquezas de sua região. As substâncias gordurosas são mais duráveis do que as solúveis em água – é preciso pesquisar recursos disponíveis que sejam seguros para as crianças pequenas, que variam muito nos vários lugares desse nosso imenso Brasil. Uma vez pronta a pintura, é possível encerar a superfície pintada na pedra, para ainda melhor conservá-la; cera de abelhas, de carnaúba, de passar no chão – testá-las é o melhor.

Para a aplicação da tinta sobre a pedra, é interessante acompanhar nossos iniciadores pré-históricos: usar espátulas de madeira; gravetos esgarçados na ponta; chumaços de fios de cabelo, ou de crina de animal; bambus ou ossos ocos.

Nossas crianças de 5 a 6 anos de idade ficarão **encantadas** por participar de atividades dessa natureza.

O estudo e a observação de animais na Unidade 1 – Livro da Fauna, do Livro do Estudante, assim como a observação de morfologia de pedras, ou a textura de muros e pisos, pode prover as crianças pequenas de imagens que mobilizem a vontade de se expressar por intermédio do desenho.

É sempre bom lembrar que a observação é a fonte da **imaginação**, colocar uma coisa no lugar de outra. E que a possibilidade de se **Expressar** em **Campos de Experiências** é a melhor forma de conhecer-se. ■

Em seu conto "Recado do Morro", João Guimarães Rosa (1908-1967) descreve o entorno de um grupo de viajantes na região de Cordisburgo, Minas Gerais, sua cidade natal.

Fino observador da natureza, João ora refere a "nuvens oceanosas", nesse caso cheias de volumosas águas, e: "Depois, lã puxada por grandes mãos, sempre nuvens ursas giganteiam" (GUIMARÃES ROSA, 2016, p. 33, 35).

Essa atividade de desenho deve ser precedida da observação de nuvens. Quem nunca se deixou levar pelas imagens que se formam e desmancham no céu, conforme a direção dos ventos?

A pintura sobre a qual desenhar foi realizada com tinta guache azul ciano, indicada na imagem. No final da Unidade 6 – Caderno de Desenho, você encontra os círculos das cores e suas complementares ou opostas. São estas que estão aqui indicadas nas cores de lápis de cor a serem usados para desenhar o que se vê nas nuvens.

A **observação** é uma fonte perene de **imaginação** e de **conhecimento**.

No calor do meio-dia, Alessandra e seus pais, Ana e Benedito, descansam sob as árvores depois de terem almoçado o que trouxeram na marmita. Deitada em um pano, Alessandra contemplava as folhinhas da árvore tremulando na luz, umas mais escuras, outras mais claras iluminadas pelo sol, o rendilhado das folhas, seu farfalhar.

Como a colheita do café acontece por eito, os lugares da sesta iam mudando, um dia sombras mais generosas de uma mangueira, noutro de um abacateiro, às vezes a secura espinhosa de um mandacaru – abundante nessa região, contraforte da Serra da Mantiqueira, antes do auge do café, toda coberta por Mata Atlântica.

As crianças têm uma **percepção apurada do espaço** onde estão.

Assim como Alessandra, se possível, antes de desenhar nessa página as crianças pequenas poderão deitar no chão e observar de baixo para cima uma grande árvore de larga copa. Talvez isso já tenha acontecido quando as crianças estudaram árvores em seu projeto investigativo.

Nessa pintura em cor **magenta**, uma das três **cores primárias**, sugere-se desenhar com **canetinhas** nas cores indicadas, que são aquelas que melhor farão **contraste** com o magenta da **tinta guache**.

ONDE MORA NOSSA PERCEPÇÃO DO MUNDO

Alessandra é a terceira de sete irmãos. Na época da colheita de café, em Campinas, interior de São Paulo, todos iam para a roça, os menores brincando por ali, de esconde-esconde, de formar desenhos na terra com folhas, gravetos, pedrinhas, grãos de café, de pegar minhocas para pescar no rio.

Página 105

O glossário da Unidade 5 – Projetos de Investigação propõe uma continuidade de **exploração e pesquisa** fazendo relações com árvores que têm flores, dão frutas ou não, pássaros e insetos. A composição de florestas pode ser estudada, assim como a localização de cavernas no território brasileiro.

UNIDADE 5 · CONCLUSÃO

Um projeto de investigação envolve pesquisa e documentação em cartazes e portfólios.

Pouco a pouco, as crianças pequenas adquiriram conhecimentos que as habilitam a escrever e a desenhar nas cartas tudo aquilo que aprenderam sobre árvores. Com a possibilidade de jogar com as cartas manufaturadas por todas, o que está em jogo são as aprendizagens significativas e habilidades desenvolvidas de modo próprio pelos estudantes que compartilham de modo coletivo os conhecimentos adquiridos.

Em um projeto investigativo, podemos alcançar de modo interdisciplinar os direitos de aprendizagem e desenvolvimento da criança, de acordo com a BNCC: **Conviver, Brincar, Participar, Explorar, Expressar** e **Conhecer-se**.

A estrutura apresentada nos dois projetos desta Unidade 5 – Projetos de investigação, pode também ajudar a orientar projetos de investigação de outros temas, como animais de nossas praias, insetos de jardim, flores, sementes, entre outros. No entanto, além do interesse das crianças e do professor por um determinado tema, é importante considerar a disponibilidade de fontes de informação como enciclopédias, revistas, jornais, livros, internet, gravuras, fotografias, vídeos, e, também, saídas a campo para visitar parques, institutos, zoológicos, museus. Também, se possível, entrevistar especialistas ou conhecedores do assunto estudado.

> Por sua extensão e complexidade, um **projeto de investigação** e pesquisa pode nos conduzir a uma **compreensão mais aprofundada** do alcance de uma avaliação formativa.

Lembrando sempre que avaliamos objetivos de aprendizagem e desenvolvimento. O portfólio de cada criança e o registro coletivo dão conta dos processos, mais do que de resultados finais. O pensamento sincrético da criança dá conta, a cada momento, de realizar a interação dinâmica entre parte e todo. Nosso pensamento adulto, mais linear, é que necessita de provas e testes. Mas as coisas não estão prontas, e um projeto de pesquisa, sempre aberto, nos leva a caminhos que antes não suspeitávamos existir.

UNIDADE 6 · INTRODUÇÃO

Páginas 106 e 107

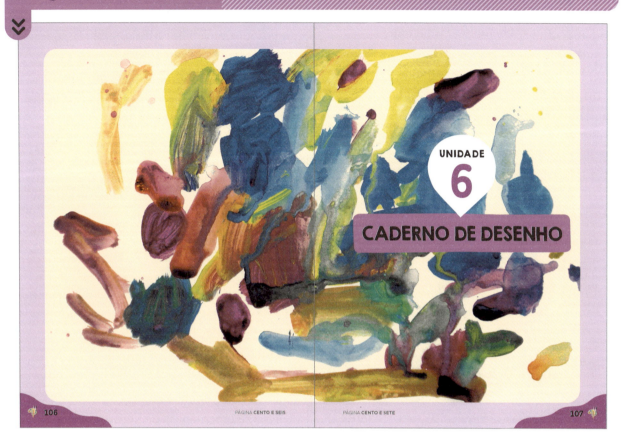

Pode-se afirmar que o "si mesmo" só se torna real quando é expresso nas ações da pessoa no espaço e no tempo (FRANZ, 1999, p. 144).

Nas atividades de desenho, as crianças produzem traços decorrentes de seus gestos e movimentos. E nas atividades de pintura, elas produzem massas coloridas, com texturas e densidades reguladas em sua ação expressiva. Em ambos os casos, nossa responsabilidade consiste em oferecer os materiais adequados – lápis e caneta para o desenho, tintas e pincéis para a pintura. Com os mais variados suportes. É muito importante que as crianças possam criar as próprias cores, pois só assim exercem ou expressam toda a gama de sua sensibilidade: o que se obtém na tela ou no papel encorpado corresponde à escala interna de emoções. Eis o motivo pelo qual enfatizamos que se deve oferecer às crianças apenas as três cores primárias, a partir das quais gamas infinitas de cores podem ser criadas.

Grande força criadora da imaginação emerge do trabalho com materiais – desde que adequados a nossos desejos de expressão. Professores e instituições, não comprem lápis e canetas que não produzem traço satisfatório! Não utilizem papéis com pautas ou outras inscrições no verso, ou ainda folhas finas demais para receber grafite ou ponta de caneta. Testem o material antes de oferecê-lo à criança – o que não for bom para nós também não será para a criança.

A Unidade 6 – Caderno de Desenho propõe atividades interligando cor, textura e apreciação de obras, cirandas e brincadeiras de roda. A leitura das consignas do caderno e do glossário envolve os seguintes componentes de **literacia**: "consciência fonológica e fonêmica", "conhecimento alfabético", "desenvolvimento de vocabulário" e "compreensão oral de textos".

Na escrita de "Corre, cotia" favorecemos também a "produção de escrita emergente".

Nas páginas em que se pede para a criança desenhar figuras nas cadeiras, explora-se conceitos de **numeracia**: noções de posicionamento, espacialidade e tamanho.

Atividades expressivas envolvem os cinco Campos de Experiências, em especial na Unidade 6 – Caderno de Desenho:

- O eu, o outro e o nós;
- Corpo, gestos e movimentos;
- Traços, sons, cores e formas;
- Escuta, fala, pensamento e imaginação;
- Espaços, tempos, quantidades.

OBJETIVOS PEDAGÓGICOS

- Agir de maneira independente, com confiança em suas capacidades, reconhecendo suas conquistas e limitações **(BNCC: EI03EO02)**.
- Ampliar as relações interpessoais, desenvolvendo atitudes de participação e cooperação **(BNCC: EI03EO03)**.
- Comunicar suas ideias e sentimentos a pessoas e grupos diversos **(BNCC: EI03EO04)**.
- Manifestar interesse e respeito por diferentes culturas e modos de vida **(BNCC: EI03EO06)**.
- Usar estratégias pautadas no respeito mútuo para lidar com conflitos nas interações com crianças e adultos **(BNCC: EI03EO07)**.
- Criar com o corpo formas diversificadas de expressão de sentimentos, sensações e emoções, tanto nas situações do cotidiano quanto em brincadeiras, dança, teatro, música **(BNCC: EI03CG01)**.
- Demonstrar controle e adequação do uso de seu corpo em brincadeiras e jogos, escuta e reconto de histórias, atividades artísticas, entre outras possibilidades **(BNCC: EI03CG02)**.
- Criar movimentos, gestos, olhares e mímicas em brincadeiras, jogos e atividades artísticas como dança, teatro e música **(BNCC: EI03CG03)**.
- Coordenar suas habilidades manuais no atendimento adequado a seus interesses e necessidades em situações diversas **(BNCC: EI03CG05)**.
- Utilizar sons produzidos por materiais, objetos e instrumentos musicais durante brincadeiras de faz de conta, encenações, criações musicais, festas **(BNCC: EI03TS01)**.
- Expressar-se livremente por meio de desenho, pintura, colagem, dobradura e escultura, criando produções bidimensionais e tridimensionais **(BNCC: EI03TS02)**.
- Expressar ideias, desejos e sentimentos sobre suas vivências, por meio da linguagem oral e escrita (escrita espontânea), de fotos, desenhos e outras formas de expressão **(BNCC: EI03EF01)**.
- Levantar hipóteses em relação à linguagem escrita, realizando registros de palavras e textos, por meio de escrita espontânea **(BNCC: EI03EF09)**.
- Observar e descrever mudanças em diferentes materiais, resultantes de ações sobre eles, em experimentos envolvendo fenômenos naturais e artificiais **(BNCC: EI03ET02)**.
- Registrar observações, manipulações e medidas, usando múltiplas linguagens (desenho, registro por números ou escrita espontânea), em diferentes suportes **(BNCC: EI03ET04)**.

UNIDADE 6 · **PÁGINA A PÁGINA**

Página 108

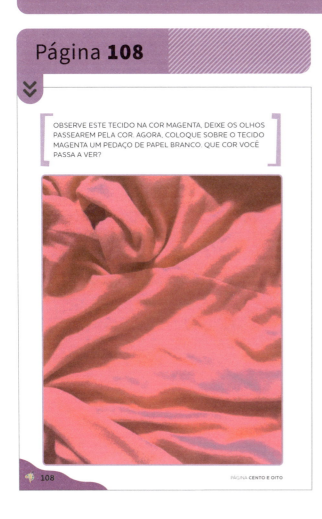

[OBSERVE ESTE TECIDO NA COR MAGENTA, DEIXE OS OLHOS PASSEAREM PELA COR. AGORA, COLOQUE SOBRE O TECIDO MAGENTA UM PEDAÇO DE PAPEL BRANCO. QUE COR VOCÊ PASSA A VER?]

VERMELHO + AZUL = MAGENTA
VERMELHO + VERDE = AMARELO
VERDE + AZUL = AZUL CIANO

Quando se coloca um pedaço de papel branco, um ovo ou qualquer objeto branco, sobre a superfície magenta, no centro da roda, em lugar bem iluminado pelo sol, vemos a superfície branca com a cor oposta ou complementar ao magenta.

Observe e experimente isso com seus alunos. Poderá fazer variações dessa experiência com pedaços de papéis de outras cores. O objetivo da atividade da página 108 é ativar nossa percepção das cores e suas complementares. ■

A luz branca do sol incide sobre a superfície pigmentada de seres e objetos, como, por exemplo, uma folha verde. Esta absorve todos os comprimentos de onda da luz que não são verdes, refletindo o verde captado pelos cones e bastonetes de nossos olhos, sensíveis a cores primárias.

A visão das cores configura-se, assim, como um sistema complexo e cambiante em que gamas de cores podem ser obtidas por meio de dois sistemas:

SISTEMA ADITIVO R G B
(VERMELHO, VERDE E AZUL)

Cores primárias, obtidas pela difração da luz branca do sol. Adicionando, duas a duas, as cores primárias de luz no sistema **R G B**, obtêm-se as cores primárias do sistema **C M Y**:

Página 109

[O AZUL CIANO É UMA COR PRIMÁRIA. TODOS OS OUTROS AZUIS VÊM DESTA COR.

COLOQUE SOBRE O TECIDO CIANO UM PEDAÇO DE PAPEL BRANCO. QUE COR VOCÊ PASSA A VER?]

113

O sistema RGB (do inglês, *red, green, blue*) é o sistema luz, que aparece na tela do computador, do celular, na televisão ou no cinema, em toda imagem projetada por um foco luminoso. Se você ficar numa sala escura, em frente a uma luz vermelha e uma verde, sua sombra na parede será amarela! Em todo o material de desenho e pintura, assim como nos tecidos e objetos, a cor é dada por pigmentos que combinam pigmentos do sistema C M Y. Em uma máquina para impressões gráficas, como livros e revistas, estas são as cores que entram na máquina, com o preto.

**SISTEMA SUBTRATIVO C M Y
(AZUL CIANO, MAGENTA, AMARELO)**

Cores primárias, obtidas de elementos naturais ou pigmentos sintéticos. Adicionando, duas a duas, as cores primárias de pigmentos no sistema C M Y, obtêm-se as cores primárias no sistema R G B:

**AZUL CIANO + MAGENTA = AZUL
AZUL CIANO + AMARELO = VERDE
AMARELO + MAGENTA = VERMELHO**

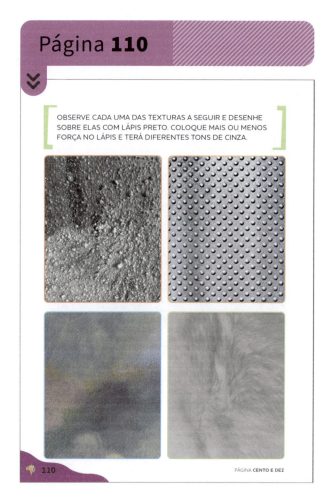

> As interdependências entre os dois sistemas configuram, assim, relações de **notável complexidade** e **beleza**, acessíveis à **sensibilidade** dos portadores de visão.

Que cor aparece no papel branco quando colocado sobre o azul ciano desta página? Essa cor será oposta ou complementar, a depender da luz que incide sobre a página 109 do Livro do Estudante, que cada uma das crianças poderá observar em seu exemplar. ∎

Os lápis pretos são instrumentos capazes de produzir muita magia. Quando macios (6B) produzem traço em infinitas nuances, ou gradações de cinza, que vão do mais clarinho possível (para aquele grafite) ao mais escuro, a depender da força com a qual apoiamos a ponta do lápis no papel.

Em uma tira de papel, experimente traçados indo de um extremo a outro do papel. Primeiro, vá do mais claro ao mais escuro, da extrema leveza da mão a toda a sua força. Depois, vá do mais escuro ou pesado possível ao mais leve.

O segredo consiste nas **variações internas** que a mão é capaz de originar nas transições da **escala de cinza**.

Os tons diversos correspondem a nossa possibilidade interna de graduar os sentimentos. Se uma pessoa é "8 ou 80", tende a ir do claro ao escuro em dois tempos! Mas se você se propuser a suavizar

114

sua escala, procurando traçar maior variedade de tonalidades, verá que um sentimento mais ameno invadirá sua alma.

Oriente as crianças pequenas a experimentar em outra folha de papel a própria gradação de cinza, antes de realizar os desenhos nas diferentes texturas da página 110. ■

Questão fundamental para nós, educadores, e mais ainda para o **desenhista**: não é qualquer papel e lápis que servem, é preciso observar a **materialidade** de cada um deles.

As texturas da página 111, cada uma de cor específica, sugerem usos de cores opostas a elas e adequação do material.

As crianças pequenas poderão ficar desapontadas com o resultado se desenharem diretamente em seu Livro do Estudante sem antes ter feito pesquisa de cor e esboços. ■

No desenho, conhecimentos de si e do mundo conjugam-se de modo prazeroso, original e portátil.

Prazeroso, porque aliam sensibilidade e movimento.

Original, porque em cada folha de papel ou superfície o que ali se cria não existia antes.

Portátil, porque papel e lápis não apenas se levam para qualquer lugar, mas também trazem o registro do desenho – ao qual podemos voltar sempre que quisermos.

Texturas de aparência mais macia sugerem uso de giz de cera, outras mais duras, como de uma esteira, talvez peçam lápis de cor. É sempre da observação, nesse caso também passando a mão em materiais de diversas texturas, que podemos

115

sentir e imaginar que materiais usaríamos naquela superfície.

Assim como na observação de nuvens podem surgir algumas imagens, isso pode acontecer com as diversas texturas que apresentamos nesta página. Ligando pontos e linhas, por exemplo, novas e surpreendentes formas podem surgir. ■

Página 113

[NESTA IMAGEM DE GRAMA COM CAPIM, VOCÊ PODE DESENHAR COM CANETA PRETA BICHINHOS COMO FORMIGAS, TATUS-BOLA, BESOUROS, ARANHAS... O QUE MAIS?]

PÁGINA CENTO E TREZE   113

Uma mosca acaba de pousar no livro. Primeiro observo que ela esfrega uma na outra as duas perninhas da frente. Em seguida, as de trás. Tem dois grandes olhos de cor avermelhada e as asas de madrepérola. Que material usaria para desenhá-la?

Sentados na grama ou no capim, podemos observar o vaivém de pequenos insetos. Vemos seu tamanho em relação a outros (um besouro é sempre maior que uma formiga), observamos seu modo de se locomover, um buraquinho onde mora no chão.

Ainda que **não se movam com rapidez**, como um cachorro ou um cavalo – bem maiores, é certo, os **bichinhos na grama** também se movem, sem esperar que nosso olhar se demore sobre eles.

A atividade da página 113 exige de nós e das crianças que vão desenhar duas etapas:

1 Fazer em outras folhas de papel desenhos de observação de diversos insetos. Consultas a livros, revistas, internet também podem ser feitas. Levar prancheta com papel de desenho e lápis preto 6B, para desenhar no parque ou na área externa da escola – quem sabe formigas e outros bichinhos sejam vistos por ali.

2 Uma vez tendo feito estudos e desenhos em outros papéis, é hora de observar a imagem dessa página e ver entre os verdes claros e escuros, nos fios de capim, onde poderiam estar os bichinhos. Só então desenhar na grama, com canetas coloridas, alguns dos bichinhos observados.

É importante chamar atenção das crianças pequenas para a proporção de tamanho entre eles. ■

116

Página 114

Página 115

Desenho é linguagem sensível em que **traço**, **gesto** e **movimento** conjugam-se no **ritmo** próprio de cada criança.

As noções espaciais tais como acima, abaixo, direita e esquerda, visão frontal ou de trás são relativas e dependem do ponto de vista do sujeito. Temos então de reaprender com as crianças pequenas como elas constroem as relações espaciais.

As atividades das páginas 114-116 apresentam o desafio de representação espacial para as crianças. Se duas cadeiras iguais estão voltadas uma para a outra, como ficarão figuras sentadas em cada uma delas? E um brinquedo sobre a esteira, alguém sentado sobre a almofada, como estariam?

Problematizar o entorno da sala de aula é um bom contexto de reflexão antes da realização dessa atividade, assim como a observação da posição das cadeiras e de uma pessoa sentada. ■

Na pintura que aparece na página 115, feita com tinta acrílica sobre tela, já existe uma figura sentada: *Fernando lendo*.

Sua presença irá sugerir, para as crianças, **modos de desenhar** uma figura sentada. A partir de um **modelo**, problematizamos **cores**, **formas** e **relações espaciais**.

É sempre bom combinar antes com as crianças com que material e como será feito o desenho, uma vez que atividades deste tipo poderão ser feitas em outras folhas de papel, mas, no Livro do Estudante, essa página só poderá ser desenhada uma vez.

Essa imagem do sofá azul turquesa, uma pintura em tela com tinta acrílica, problematiza para

117

a criança noções de cor, textura e espaço, que são trabalhadas na Unidade 6 – Caderno de Desenho.

Aqui sugerimos conversar com as crianças que materiais e cores cada uma delas pensa usar para desenhar um ou mais personagens, pessoas ou brinquedos sentados, deitados, ou colocados no sofá. ■

avulsas de papel sulfite, cada uma das crianças desenhará a professora, ou o professor, sentado em uma cadeira e visível para todos.

Cada uma delas verá a figura em outra perspectiva. As crianças mudam de lugar umas com as outras, a professora pega sua cadeira e senta-se em outro lugar, também visível para todos, e tudo muda de figura, o ângulo de visão é outro.

E assim sucessivamente!

Página 116

FALTA ALGUÉM SENTADO NA CADEIRA DE COR MAGENTA AQUI DO LADO ESQUERDO.

USE CANETAS VERDE, MARROM E ROXA PARA DESENHAR. SOBRE ESSA COR, TONS DE AMARELO, VERMELHO E LARANJA NÃO SOBRESSAIRÃO.

AS CADEIRAS ABAIXO ESTÃO UMA VIRADA PARA A OUTRA.

EM CADA CADEIRA VOCÊ PODE DESENHAR UMA PESSOA OLHANDO PARA A OUTRA SENTADA DIANTE DELA. PENSE EM QUAL SERIA A MELHOR COR DE CANETA PARA USAR. UMA DICA: USE VERMELHOS!

PÁGINA CENTO E DEZESSEIS

Esses desenhos preliminares vão enriquecer sensivelmente as **noções espaciais** das crianças. Quando realizarem os desenhos nesta página de seu Livro do Estudante, já terão maior **flexibilidade** para **compreender** diferentes **perspectivas**.

Na faixa etária de 5 a 5 anos e 11 meses de idade são esperadas formas fechadas, como círculos, e figuras com cabeça, braços e pernas muito expressivas. Nessa idade a criança não representa o que vê, mas o que sabe e sente. ■

Com a **indicação de cores** e o estudo sobre **relações espaciais** que a criança vem fazendo em seu Caderno de desenho, poderá ser **prazeroso** para ela realizar o desenho de uma **figura sentada** na cadeira.

Uma atividade preliminar a esta poderá ser desenhos de observação da professora sentada em uma mesma cadeira colocada em diferentes posições. Em outro caderno de desenho ou folhas

118

Página 117

BENJAMIM FEZ ESTA PINTURA COM TINTA VERMELHA E AZUL ULTRAMAR.

ELE DISSE QUE A FIGURA GRANDE É UM GATO, EM AZUL, UM BICHO PREGUIÇA, E, EMBAIXO DELE, UM LEÃOZINHO. E VOCÊ, QUAIS ANIMAIS GOSTARIA DE DESENHAR?

PÁGINA CENTO E DEZESSETE

A experiência é uma questão de interação do organismo com seu meio, um meio que é tanto humano quanto físico, que inclui o material da tradição e das instituições, bem como das circunvizinhanças locais (DEWEY, 2010, p. 430).

É preciso oferecer para a criança diversos materiais e suportes. Só assim cada uma delas formará um repertório de procedimentos, ou modos de fazer, que podem levá-la a uma experiência estética, ou completa.

Em uma **experiência** dessa natureza, a criança se vê **imersa** em seu próprio trabalho, deixando-se levar pelas **sensações** que cores do material e texturas do suporte provocam a cada passo da atividade.

Movida pela sua percepção e pelo seu sentimento, a criança buscará ter êxito em seu desenho ou sua pintura. Ter êxito, nesse caso, é alcançar uma correspondência entre o que a criança sente e o que expressou em um suporte. O desenho, quadro ou objeto resultante agora se torna visível para todos e pode ser compartilhado.

> Conversar com as crianças sobre seu animal de estimação ou **bicho preferido** pode ser uma boa **atividade preparatória** para realizar um **desenho** ou uma **pintura** com esse tema.

Para tanto, suportes e materiais terão que ser oferecidos e organizados para todos. ■

Página 118

HÁ MUITAS TÉCNICAS PARA DESENHAR, GRAVAR OU PINTAR ANIMAIS. ESTAS SÃO GRAVURAS EM MADEIRA E METAL.

ADÉLIA BITENCOURT. VEADO, 1998

ESTE VEADO AQUI EM CIMA FOI FEITO EM 1998 PELA PROFESSORA TICUNA ADÉLIA BITENCOURT. É UMA XILOGRAVURA, ENTÃO SOBRE ONDE FICOU BRANCO NÃO HOUVE TINTA. COMO SERÁ QUE ADÉLIA FEZ ISSO?

O BESOURO DA DIREITA É UMA GRAVURA EM METAL. QUEM DESENHOU O INSETO NUMA CHAPA DE COBRE FOI A ARTISTA GERDA BRENTANI. NA GRAVURA, A CASCA DO BESOURO FICOU MAIS CLARA QUE SEU CHIFRE.

GERDA BRENTANI, BESOURO, 1968

PÁGINA CENTO E DEZOITO

118

Observe esta gravura do pintor e gravador holandês Rembrandt van Rijn (1606-1669), um autorretrato realizado em 1648, de acordo com o que lemos na assinatura no canto esquerdo superior da imagem.

Rembrandt van Rijn. *Autorretrato*, 1648. Rijksmuseum, Amsterdã.

Da claridade da janela ao escuro do fundo da sala, há uma sutilíssima gradação de tonalidades de cinza que, nessa gravura em metal, é obtida de duas maneiras: sobrepondo vários tracinhos e graduando a força da mão no instrumento que sulca o metal, de modo que resultem em sulcos mais profundos e produzam um traço mais escuro.

Lembremos que, na gravura em metal, traçados são indeléveis – não podem ser apagados ou corrigidos. E quando o artista – mestre inconteste da gravura! – quer representar, por exemplo, uma paisagem, as figuras que estão mais atrás, no fundo da imagem, vêm de um traço leve, fininho, e vão se adensando para chegar ao primeiro plano. O trabalho é realizado ao inverso do que se vê, com a construção da imagem indo de trás para a frente.

> Em uma roda de **apreciação** com as crianças, nossa atenção se volta para a **vivacidade** dessa imagem sulcada na madeira.

Onde a tinta é preta e forma a imagem, do veado, do solo, do céu que esplendece em torno a ele. Nas manchas brancas de seu dorso, no capim do relevo, na luz do céu, em que prevalece o branco do papel, a madeira não foi escavada. A imagem é um uníssono de alegria. Vejamos o que dizem as crianças! No Brasil, temos grandes gravadores em madeira, xilogravuras de J. Borges, por exemplo, acompanham a literatura de cordel e nosso imaginário nordestino.

> Como a artista terá procedido para obter áreas **mais claras** e **mais escuras** no seu modo de nos trazer a imagem de um **besouro**?

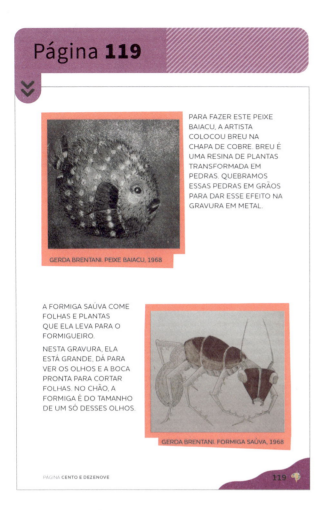

No lugar onde vive e trabalha, aproxime-se dos artistas locais, visite suas oficinas com as crianças, convide-os a mostrar seus trabalhos na escola, a realizar oficinas com as crianças. A arte da gravura pode ser realizada em vários suportes e materiais, e faz parte das tradições culturais nesse imenso Brasil. ■

Existem várias técnicas na gravura em metal, que é sempre riscada em uma chapa de metal, em sulcos mais ou menos fundos.

Nesse peixe **baiacu** foi usada uma técnica com breu que dá esse aspecto granulado.

Passa-se tinta para impressão em gravura sobre a superfície da chapa e retira-se o excesso, de modo que a tinta fique apenas nos sulcos. Um papel umedecido é colocado sobre a chapa, e ambos são colocados em uma prensa para obter a imagem final.

A **formiga** foi desenhada em uma chapa de cobre em traços leves e firmes.

Onde é mais escuro houve mais força ao desenhar com buril no metal. Nos traços mais claros, menos força nas mãos.

Quando observamos as crianças pintarem, vemos que elas se deixam conduzir pelas sensações que as cores provocam, sem preocupação formal. Com seus procedimentos, aproximam-se de uma experiência estética. Na página 120, o que se propõe é que a criança observe detalhes de uma pintura, as interações entre cores e relações, entre parte e todo. Aliadas à observação de animais – pode ser um cachorro, gato ou papagaio do convívio da criança – poderão impulsionar o desenho da criança. Lembrando sempre que a observação é fonte de imaginação e conhecimento. ■

121

Página 121

Os coloristas, que são aqueles que possuem todas as partes da pintura, devem estabelecer ao mesmo tempo, e desde o início, tudo aquilo que é próprio e essencial a sua arte. Eles devem modelar com a cor assim como o escultor modela com a argila, o mármore ou a pedra; seus esboços, assim como os do escultor, devem também apresentar a proporção, a perspectiva, os efeitos e a cor (LICHTENSTEIN, 2006, p. 110).

Devido aos limites gráficos de um portador como nosso Livro do Estudante, dedicado a crianças pequenas de todo país, não será possível realizar uma pintura no próprio livro. Entretanto, obter uma textura macia como a dos pelos de um urso é possível se usarmos materiais que a possibilitem. Nesse caso, lápis de cor e giz de cera de cores claras são indicados. No caso do lápis de cor, assim como obtemos escalas de cinzas conforme apliquemos mais ou menos força sobre o papel, o mesmo acontece com cada uma das cores de lápis, desde que tenham pontas mais macias, que produzam traço. A expressão se alcança no embate com diversos materiais. ■

Página 122

Podemos nos inspirar em crianças que habitam os mais diversos pontos do país e no modo de conjugar cultura popular e educação, tal como praticado pelo músico, estudioso da história da música, professor, poeta e escritor paulista Mário de Andrade (1893-1945).

Mário de Andrade fez diversas viagens pelo Brasil a conviver, captar e registrar manifestações de música e dança.

Na primeira metade do século XX, quando seu livro O *turista aprendiz* foi publicado, tecnologias como filmadoras e gravadores não eram tão acessíveis quanto hoje, sendo em geral pesadas e caras. De modo que Mário contava com a própria sensibilidade, ou mobilização estética, para registrar o que o maravilhava na cultura popular.

Reunindo os registros de sua pesquisa, Mário de Andrade propôs uma interseção entre a música popular e a erudita, a qual alimenta a criação musical no Brasil até hoje. Exemplo disso são as *Cirandas* (1929) do compositor brasileiro Heitor Villa-Lobos (1887-1959), fruto de um desafio proposto por Mário de Andrade ao maestro: compor música para crianças inspiradas no folclore brasileiro.

Conhecemos, assim, muitas das canções de *Cirandas*, que ouvimos quando crianças.

Cantar e **dançar cirandas** e outras músicas de nosso **cancioneiro popular**, sempre respeitando o modo de entoar e se movimentar das crianças pequenas, é excelente confraternização e **respeito às diferenças**.

Leia e cante com as crianças "Ciranda, cirandinha", até que todas saibam letra e música de cor, sempre acompanhando o texto em seu exemplar do Livro do Estudante. Sabendo de cor o que está escrito, torna possível para a criança compreender como se escreve, fazendo relações entre pauta sonora e pauta escrita. Dessa forma, ler escrever e dançar canções favorece os processos de **alfabetização** da criança pequena.

 Nas páginas do Livro do Estudante, as parlendas "Corre, cotia" e "Hoje é domingo" e as cantigas "Alecrim dourado", "Sapo cururu" e "Ciranda, cirandinha" são acompanhadas por um código QR. Se você capturar o código com a câmera fotográfica do celular, vai ter acesso a gravações que podem ser muito significativas para sua turma: ouvir as cantigas na voz de outras crianças, como Helena Castanho Breim e Iara Aslanian Monteiro de Oliveira. ■

Página **123**

Essa é uma brincadeira chamada "Lenço atrás". Para jogar, nos sentamos em roda e cobrimos os olhos. Uma criança anda em volta com um lenço na mão, para deixar atrás de um dos colegas, enquanto canta a música "Corre, cotia". O jogador que achar o lenço atrás de si corre atrás de quem deixou ali. Quando pegar o lenço, o jogador é quem deve deixar o lenço atrás de outro colega. Aquele que foi pego se senta na roda, e a brincadeira recomeça.

Com as crianças, na roda, ler e recitar os versos de "Corre, cotia" até que todas saibam de cor. Aqui, novamente, a relação entre a pauta sonora e a pauta escrita das palavras favorece o processo de alfabetização. Sem precisar decorar, o mesmo procedimento será feito com as regras, que poderão ser escritas em uma folha de cartolina, a ser afixada na parede da classe.

Em seguida, brincar com a criança de "Corre, cotia" ou "Lenço atrás" a outras brincadeiras de roda que fazem parte do cancioneiro no Brasil.

O objetivo da maioria de nossos estudos da cor é provar que ele é o mais relativo dos meios na arte, que quase nunca percebemos o que ela é fisicamente. A essa influência mútua das cores damos o nome de interação. [...] Devido à imagem consecutiva (o contraste simultâneo), as cores se influenciam e se transformam mutuamente. Elas interagem continuamente – em nossa percepção. (ALBERS, 2009, p. 45).

Envolvendo música e dança, o samba de roda no Recôncavo da Bahia e as cirandas de Lia de Itamaracá, em Pernambuco, são exemplos de manifestações que sustentam a música popular praticada no Brasil. Em cada manifestação cultural, encontramos repertório para alcançar **objetivos de aprendizagem** e **desenvolvimento** de crianças pequenas na Educação Infantil. ∎

COR É MATÉRIA-PRIMA **ESSENCIAL** NA PINTURA.

Pedro (5 anos e 7 meses).
Material: areia, cola e guache sobre papel cartolina.

Nessa pintura, a maestria do Pedro, autor, em deixar três janelas para cada uma das cores primárias, enquanto ao redor ele realiza uma dança muito apurada de cores secundárias, terciárias e complementares. O equilíbrio rítmico resultante provoca impacto estético no espectador. Pedro colocou cola branca e areia sobre a cartolina e depois pintou. ∎

Página 125

O resultado da pintura de Pedro (5,7), apresentado na página anterior, expressa o propósito da Unidade 6 – Caderno de desenho, e desse glossário, que propõe relações entre cores e texturas.

Rodas de leitura, para cantar e dançar, para compartilhar brinquedos, são configurações frequentes na Educação Infantil. Sempre bem-vindas, possibilitam convívio entre os participantes que podem ver uns aos outros, conversar e brincar. ■

UNIDADE 6 · CONCLUSÃO

Em propostas de desenho às crianças, vendo-as desenhar, revelou-se que papel sulfite com lápis grafite tenro (6B) e cartolina com caneta hidrográfica preta de ponta com cerca de 1 milímetro compõem as melhores duplas. Lápis de cor, giz de cera e canetinhas coloridas são materiais de difícil manejo – especialmente os lápis de madeira com pedras de cor muito duras, que produzem pouco traço. Aqui se somam duas dificuldades: a escolha de cores e a produção de traço sobre o papel. Uma forma de colaborar com o desenvolvimento do desenho da criança é deixar algumas cores no estojo, retirando as cores terciárias como marrom e roxo, assim como preto e branco – ausência de luz e luz total, respectivamente. Podemos oferecer à criança grupos de cores complementares: azul – amarelo; verde – magenta; vermelho – azul ciano, entre outros.

Especialmente com **giz de cera**, veremos que seus desenhos serão mais **luminosos** e **expressivos**, pois a criança desenhará por **mais tempo** e com mais **prazer**.

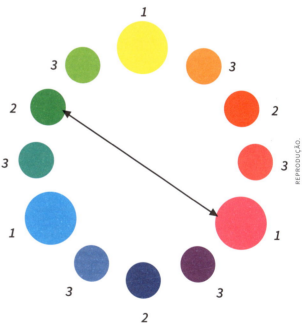

Círculo de cores complementares.
As cores de número 1 são primárias; as de número 2 são secundárias; as de número 3, terciárias.

A primeira condição para avaliar um desenho ou pintura da criança, um projeto de trabalho ou um percurso de criação em arte, é se deixar afetar pela produção da criança, longe, bem longe, de preconceitos, estereótipos e imagens massificados.

Precisamos **aprender** com a criança a **ver** o que está acontecendo ao longo de seu **processo de criação**.

Os trabalhos precisam estar visíveis, acessíveis, para que todos possam contemplá-los, voltar a vê-los, pensar em desdobramentos, em outros caminhos, conversar com as outras crianças sobre o que se vê.

Uma boa dica é manter um rolo de fita crepe no pulso. Corte com a outra mão pedaços de mais ou menos 5 centímetros, encoste as duas pontas com o lado de cola para fora – um lado vai aderir em cada um dos quatro cantos no verso do desenho, e o outro vai na parede ou superfície em que o trabalho ficará visível. É prático, pode ser colocado e retirado com facilidade, e não danifica o trabalho.

Variedade na criação de novas cores a partir das cores primárias é um ponto que pode ser avaliado.

Criação de traços variados na composição de figuras é também algo a ser observado. Compartilhados nas rodas, irá compondo um repertório de modos de desenhar da turma de crianças pequenas.

Ao longo do ano podemos combinar formas de guardar, distribuir e expor os trabalhos.

Nas rodas de **leitura**, **conversa**, **cirandas**, **música** e **dança**, avaliamos a participação da criança e seu modo próprio de conviver e de **se expressar**. ∎

UNIDADE 7 · INTRODUÇÃO

Páginas **126** e **127**

    Aprender e desenvolver-se pressupõem um contínuo exercício de dar sentido ao mundo e conhecer a si próprio. Envolve descobrir gostos, construir hábitos, estabelecer preferências e admirações. Nesse percurso, a criança "[...] observa, questiona, levanta hipóteses, conclui, faz julgamentos e assimila valores e que constrói conhecimentos e se apropria do conhecimento sistematizado por meio da ação e nas interações com o mundo físico e social" (BNCC, 2018, p. 38).

    Mas, como bem aponta a BNCC (2018), compreender o papel ativo da criança como construtora de conhecimentos não significa a retirada do papel do educador. Pelo contrário, a intervenção docente é essencial ao criar contextos de aprendizagem interessantes e desafiadores nos quais as crianças possam interagir, brincar e avançar em seus processos de desenvolvimento e aprendizagem.

    Considerar o papel ativo da criança implica, dessa forma, considerar seus gostos, valores e interesses no planejamento das atividades pelos educadores na Educação Infantil. A Unidade 7 – Preferências propõe brincadeiras e atividades que podem dialogar de perto com as preferências de sua turma, com o que eles valorizam e se relacionam afetivamente.

> A ideia é que essas propostas sejam **base** para investigações do **ambiente** e da **cultura** nas quais seu grupo está inserido.

As propostas apresentadas aqui se relacionam com os Campos de Experiências:

→ O eu, o outro e o nós;
→ Corpo, gestos e movimentos;
→ Escuta, fala, pensamento e imaginação e;
→ Espaços, tempos, quantidades, relações e transformações.

OBJETIVOS PEDAGÓGICOS

- Ampliar as relações interpessoais, desenvolvendo atitudes de participação e cooperação (**BNCC: EI03EO03**).
- Demonstrar controle e adequação do uso de seu corpo em brincadeiras e jogos, escuta e reconto de histórias, atividades artísticas, entre outras possibilidades (**BNCC: EI03CG02**).
- Criar movimentos, gestos, olhares e mímicas em brincadeiras, jogos e atividades artísticas como dança, teatro e música (**BNCC: EI03CG03**).
- Expressar ideias, desejos e sentimentos sobre suas vivências, por meio da linguagem oral e escrita (escrita espontânea), de fotos, desenhos e outras formas de expressão (**BNCC: EI03EF01**).
- Escolher e folhear livros, procurando orientar-se por temas e ilustrações e tentando identificar palavras conhecidas (**BNCC: EI03EF03**).
- Recontar histórias ouvidas para produção de reconto escrito, tendo o professor como escriba (**BNCC: EI03EF05**).
- Selecionar livros e textos de gêneros conhecidos para a leitura de um adulto e/ou para sua própria leitura (partindo de seu repertório sobre esses textos, como a recuperação pela memória, pela leitura das ilustrações etc.) (**BNCC: EI03EF08**).
- Registrar observações, manipulações e medidas, usando múltiplas linguagens (desenho, registro por números ou escrita espontânea), em diferentes suportes (**BNCC: EI03ET04**).

As propostas aqui apresentadas também incidem no desenvolvimento e articulação de conhecimentos e habilidades apontadas pela Política Nacional de Alfabetização (PNA) 2019 como elementos envolvidos na estruturação da Compreensão da Linguagem, entre eles: Conhecimento prévio – fatos e conhecimentos; Vocabulário – amplitude, precisão, articulação etc.; Conhecimentos em literacia – familiaridade com livros e textos impressos; Estrutura da língua – sintaxe, semântica etc.; Raciocínio verbal – inferência, metáfora etc.; Consciência fonológica; Conhecimento alfabético; Reconhecimento de palavras familiares. ∎

UNIDADE 7 · PÁGINA A PÁGINA

Página 128

Essa atividade situa o alimento no contexto **lúdico** e **afetivo** dos piqueniques e convida cada criança a **compartilhar** com os outros qual **a comida de que mais gosta**.

Vale a pena ler a atividade em voz alta e propor uma roda de conversa, investigando entre todos o que significa a palavra "preferido" e convidando os alunos a compartilhar suas preferências quanto à alimentação. A partir dessa conversa, retome a consigna "QUAL SEU DOCE PREFERIDO?" e peça que cada criança escreva no espaço da página o nome do seu doce preferido.

Para isso, organize as crianças em duplas que possam se apoiar na tarefa de escrita e convide-as a utilizar fontes de informação, como seus cartões de nome e a lista de crianças da sala. Durante a atividade, circule entre as duplas e vá fazendo intervenções que ajudem as crianças a organizar sua escrita, por exemplo:

- Seu doce preferido é beijinho? O nome da BERENICE te ajuda a começar a escrita de "BEIJINHO"?
- Seu doce preferido é banana assada com canela? Sabe com que letra começa a palavra "BANANA"?
- Você vai escrever goiabada? O nome de seu colega Rodrigo te ajuda nesta tarefa? Tem alguma parte de RODRIGO que é igual a "GOIABADA"?

É importante lembrar que não se trata de exigir escritas perfeitas. O objetivo é convidar as crianças a pensar sobre a escrita, a fazer escolhas e alimentar hipóteses, saberes e procedimentos.

A página 128 termina com a lista de ingredientes de uma receita de brigadeiro. É interessante explorar esse texto com as crianças, organizando uma roda de conversa em torno desse gênero textual:

Faz parte da história e das fortes impressões de todos nós os alimentos que recebemos em casa, tantas vezes de tradições culinárias que vêm de nossos avós, passadas oralmente de geração a geração e que nossos pais procuram manter. Tantas vezes, devido a deslocamentos geográficos em busca de uma vida melhor – vemos as fortes e dramáticas situações de imigrantes pelo mundo –, as pessoas buscam ancorar-se em seus hábitos alimentares. Alimento sempre tem a ver com terra, com afazeres domésticos, com família – os sabores de nossa infância. Os sabores, assim como os cheiros, nos dão a sensação essencial de pertencimento. E essa sensação de pertencimento é uma base essencial para gerar conhecimentos.

129

- Vocês já viram alguém cozinhar?
- Viram alguém usar uma receita para cozinhar?
- Para que serve uma receita?
- Você já fez alguma receita junto de um adulto?

Suas intervenções também são semelhantes: tratam-se de ajudar as crianças a utilizar fontes de informação para as suas escritas, como o conhecimento de seu nome, o uso de palavras estáveis da lista de nomes da turma, o alfabeto afixado em sala ou outras fontes de informação, para decidir, a cada caso, quais letras usar e como combiná-las.

Para a segunda atividade, com a lista de alimentos do piquenique, um bom encaminhamento é **convidar as crianças** a produzir **oralmente** o texto para que você o registre no quadro, diante de todos.

Para isso, é importante **primeiro conversar** e estar de acordo sobre as **escolhas** que representam todo o **grupo**.

A atividade da página 129 propõe novas conversas em torno do piquenique, compartilhando agora, entre todos, a fruta preferida e planejando uma lista de alimentos para levar ao piquenique.

Você pode organizar a escrita da fruta preferida da mesma forma que fez com o doce, na atividade anterior.

Manter a **mesma organização** para a produção de uma escrita, em sala, convida as crianças a retomar a **experiência anterior**, avançando em suas possibilidades de **troca** com a dupla e nas **estratégias** e **fontes de consulta** utilizadas.

Em seguida, as crianças devem ditar o nome de um alimento escolhido. Para explorar plenamente o potencial dessa situação, é importante que você narre o que está escrevendo enquanto escreve. Por exemplo, se as crianças vão ditar "BANANA", você escreve a palavra em letras de imprensa maiúsculas, dizendo "ba...na...na".

Como as crianças deverão copiar essa lista no livro, é importante limitar seu tamanho a três ou quatro alimentos, para que a tarefa não se torne cansativa para elas e para que todas possam saber o que estão copiando (por exemplo: saber que vão copiar BANANA, MIXIRICA, BISCOITO e BOLO no livro) de forma que a cópia tenha sentido, fazendo com que reflitam sobre a escrita de cada uma dessas palavras enquanto as copiam no livro.

Páginas 130 e 131

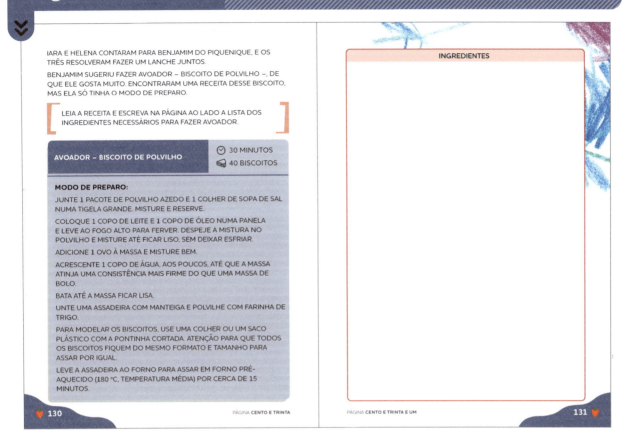

A atividade das páginas 130-131 apresenta uma receita de avoador e convida as crianças a investigá-la. Receitas são textos instrucionais – quando seguimos uma receita para cozinhar, estamos organizando nossa ação com base nas orientações apresentadas por ela. Também usamos textos instrucionais quando consultamos as regras de um jogo, para aprender a jogá-lo, quando seguimos os passos indicados para realizar uma experiência científica, ou para montar um brinquedo e, até mesmo, quando deixamos nos guiar pelas orientações de alguém para chegar a um endereço que não conhecíamos.

Os textos instrucionais permeiam muitas experiências da vida cotidiana. Ler para seguir instruções, isto é, ler para poder fazer uma determinada ação tem certas particularidades. Não lemos do mesmo modo um texto instrucional, um texto informativo ou um texto literário. Quando lemos as regras de um jogo ou uma receita, precisamos ler tudo o que está escrito minuciosamente e seguir os passos, sem pular nenhum deles.

Por isso, nessa atividade é importante que você faça a **leitura compartilhada** da receita com as crianças uma primeira vez, antes de propor o **desafio** de encontrar os ingredientes.

Para a leitura compartilhada, você lê o texto em voz alta enquanto as crianças procuram acompanhar a leitura em seus livros. Não é esperado que elas consigam fazer isso plenamente, mas cria-se um contexto para que algumas palavras lidas em voz alta se relacionem com sua escrita, mesmo que inicialmente isso aconteça apenas com a primeira e a última palavras lidas, abre-se ali um convite para investigar o escrito.

Após essa primeira leitura, você pode apresentar para as crianças o desafio da tarefa – "encontrar os ingredientes no modo de fazer", e conversar sobre o que são "ingredientes". Uma vez que todos estejam certos do que é um ingrediente, você pode falar que vai ler um parágrafo por vez, para que tentem descobrir se há um ou mais ingredientes, ou nenhum. A atividade vira, então, uma espécie de jogo de detetives de receita.

Depois que você terminar de ler os parágrafos, pergunte às crianças se perceberam o que vem sempre antes de um ingrediente. Na receita da página 130, trata-se do número "1". Dessa forma, fica mais fácil descobrir as palavras que devem ser copiadas para a lista de ingredientes.

A partir dessa descoberta compartilhada, de que o número "1" aparece antes de todos os ingredientes da receita, organize as crianças em duplas e peça para sinalizarem com um tracinho ou círculo cada número 1 que aparece na receita presente no livro delas.

> Uma vez que todas as duplas tenham encontrado os números "1" no livro, retome **parágrafo a parágrafo** o que aquele número indica, **lendo em voz alta** o ingrediente e pedindo que as crianças o pintem com **lápis de cor** clara, como o amarelo.

Ao pintar o nome do ingrediente, cada criança vai colocar em ação suas hipóteses e saberes sobre a leitura e a escrita. É possível, assim, que grifem apenas uma parte do nome do ingrediente; no caso de nomes compostos, deixem uma das palavras ou letras de fora, ou grifem a linha toda. De novo, é importante destacar que não se trata de obter respostas perfeitas, mas de convidar as crianças a investigar o escrito, alimentando seus percursos de aquisição do sistema alfabético.

Numerosos aportes do campo da psicolinguística conceberam o ato de ler como muito mais que um mero decifrado, quer dizer, a sonorização das letras. Estes trabalhos ressaltaram a importância do que aporta para o leitor: sua competência linguística e cognitiva, seu conhecimento do tema e as estratégias que utiliza para conseguir compreender um texto, ou seja, para construir seu sentido (KAUFMAN, 1998. p. 21).

Por isso, é importante circular com as crianças, relendo com elas suas escolhas, e convidando a refletir sobre o que está incluído ou não em cada trecho pintado. Por exemplo, o primeiro ingrediente é: "1 PACOTE DE POLVILHO AZEDO".

Uma boa intervenção, nesse caso, é perguntar onde elas marcaram "PACOTE", onde marcaram "POLVILHO" e onde marcaram "AZEDO". Convide as crianças a se apoiar nas letras iniciais e finais para saber onde está escrita cada palavra. "Pacote" começa com P, termina com E; "Polvilho", também começa com P, mas termina com O; "Azedo", começa com A e termina com O.

Mesmo que as crianças solucionem apenas parcialmente essa atribuição de um trecho pintado para cada palavra, com essa intervenção, você está informando que elas podem usar seus conhecimentos sobre a letra inicial e a letra final para saber onde começa e onde termina cada palavra de um texto. Assim, os escritos vão se tornando cada vez mais permeáveis à análise da criança.

> Depois que todos estiverem **satisfeitos com os ingredientes** que identificaram no texto, você pode, numa próxima vez, solicitar que **copiem a lista** de ingredientes para o espaço disponível na página 131. ∎

132

Páginas **132** e **133**

A situação contextualizada nas páginas 132-133 permite que você proponha uma atividade muito interessante de leitura para a turma: saber qual é qual. Para isso, em voz alta, leia o nome dos três bolos que as crianças da atividade poderiam escolher para o lanche, mas leia fora de ordem, começando pelo bolo de cenoura, por exemplo, e convide as crianças a descobrir em qual parte está escrito "BOLO DE CENOURA", em qual está escrito "BOLO DE CHOCOLATE" e em qual está escrito "BOLO DE FUBÁ".

Para apoiá-las nessa tarefa, faça algumas intervenções que ajudem as crianças a analisar as informações que cada escrita oferece. Por exemplo, retome os três títulos fora de ordem: "BOLO DE CENOURA", "BOLO DE CHOCOLATE" e "BOLO DE FUBÁ".

Vocês **perceberam** algo sobre a **primeira palavra** no nome dos bolos?

Isso mesmo! Está sempre escrito "**BOLO**". E essa palavra do meio, que também é sempre igual, alguém descobre o que é? **Vou ler de novo** os nomes dos bolos...

Quando todos tiverem se certificado de que a primeira palavra é sempre "BOLO" e a segunda palavra é sempre "DE", convide todos a descobrir qual palavra é "CENOURA", qual é "CHOCOLATE" e qual é "FUBÁ". Para isso, as crianças podem observar as letras iniciais e finais de cada palavra, comparar com nomes da lista da turma e apoiar-se no tamanho das palavras.

Depois que todos estiverem certos de qual é qual, **convide-os** a copiar o nome de seu **bolo preferido**, no primeiro quadro da página 132.

133

Em outro momento, convide as crianças a investigar a lista de ingredientes da receita de Bolo de Cenoura para descobrir quais os instrumentos de medida que uma pessoa tem que ter em mãos, para poder preparar essa receita. Para isso, leia os ingredientes em voz alta e vá encadeando uma conversa com as crianças, perguntando o que uma pessoa precisa ter, além dos ingredientes, para poder medir o que vai no bolo.

As crianças vão chegar à conclusão de que é preciso xícaras e colheres. Escreva essas descobertas na lousa e convide, então, todas a escrever ou desenhar esses instrumentos de medida no segundo espaço da página 132.

> As receitas também trazem **ícones** que indicam informações importantes para o leitor, como o **tempo de preparo** ou de forno, e **quantas porções** rende. Investigue com seus alunos esses elementos do texto de uma **receita**.

Para isso, leia em voz alta o texto que acompanha a foto da página 133, "Depois de tudo pronto…", retomando com eles a pergunta final: quanto tempo as crianças precisaram esperar?

Convide a turma a explorar o texto da receita, procurando algum desenho – ícone – que possa indicar quanto tempo é necessário para o preparo. Explique que as receitas costumam apresentar essa informação em destaque, normalmente próxima de outra informação importante: quantos pedaços ou porções rende a receita.

Logo as crianças vão descobrir o relógio que indica o tempo. É importante validar essa descoberta apenas, após uma rodada de troca de ideias e justificativas. E, a partir dessa descoberta compartilhada, conversar com as crianças sobre quanto tempo é "40 MINUTOS". ∎

A atividade da página 134 propõe que as crianças planejem a distribuição de pratos e copos na mesa. Distribuir materiais é uma situação que faz parte do dia a dia escolar e pode gerar boas situações-problema para as crianças.

Veja como o teórico da Didática da Matemática, Guy Brousseau (2008, p. 41-42), comenta o potencial de uma situação de distribuição de pincéis para a construção de procedimentos de contagem:

> Em uma mesa, o professor coloca seis potes de tinta e, em outra mesa distante, um pote com muitos pincéis. A uma criança, que pode ser o ajudante do dia, ele propõe:
>
> – Aqui temos pequenos potes de tinta. Você tem de ir buscar os pincéis que estão ali e colocar um em cada pote. Você tem de trazer todos os pincéis de uma só vez. Nenhum pincel pode ficar sem pote e nenhum pote, sem pincel. Se errar,

você vai pegar todos os pincéis, levá-los de volta para onde os achou, e tentar de novo.

A restrição de pegar todos os pincéis necessários de uma única vez faz com que a contagem seja o melhor procedimento para resolver o problema. De acordo com Guy Brousseau, muitas vezes, a criança vai buscar um punhado de pincéis e coloca um em cada pote e fica com alguns sobrando na mão.

O professor indaga:

– E então, você conseguiu?

A criança responde:

– Não, porque sobraram três.

O professor orienta:

– Então não deu certo. Pegue todos os pincéis novamente e tente mais uma vez.

Essa situação mostra que a contagem não é um recurso que as crianças utilizam automaticamente, embora muitas delas conheçam a série ordenada de números e saibam recitá-la.

É preciso **várias situações** como essa para que as crianças construam esse **procedimento** e o utilizem **com segurança**.

Por isso, quando uma criança obtém sucesso no uso da contagem, o professor pode retirar um dos potes enquanto a criança está ocupada pegando os pincéis. Quando ela voltar com os pincéis para colocar nos potes, se ela estiver bastante segura de seu procedimento e de sua capacidade, ela pode dizer: "Alguém fez uma brincadeira e escondeu um pote!".

Você pode propor situações como essa ao longo do ano, criando um contexto para que as crianças avancem em seus procedimentos de contagem, e pode, também, usar essa estratégia para organizar essa atividade do livro, combinando com elas de que só podem colar os pratos e copos quando separarem a quantia exata para a colagem. ■

Na atividade da página 135, convide as crianças a escrever a brincadeira preferida delas. Você pode formar duplas para que as crianças possam se ajudar mutuamente trocando informações. Oriente-as para que conversem sobre as brincadeiras que mais gostam e primeiro se dediquem a escrita da brincadeira preferida de uma das crianças da dupla e, depois, a escrita da brincadeira preferida da outra criança. Oriente-as a escrever da melhor maneira que puderem, sabemos que, nessa fase, as crianças ainda não escrevem convencionalmente.

Terminada a atividade de escrita, socialize propondo que as crianças leiam os nomes de suas brincadeiras preferidas. Você pode propor uma votação e, em seguida, organizar as informações em uma tabela ou em um gráfico e verificar, com as crianças, qual é a brincadeira preferida da turma.

Em um outro momento, conte sobre a **brincadeira preferida** das crianças que são personagens deste livro.

Amarelinha é uma brincadeira que tem nomes e desenhos diferentes conforme a região do país. Em algumas regiões, é chamada "maré", "sapata", "avião", "academia", "macaca".

O site Mapa do Brincar, uma iniciativa da "Folhinha", suplemento infantil do jornal *Folha de S.Paulo*, reúne hoje 750 brincadeiras de todo o país. Nele você pode encontrar várias versões e nomes desse jogo tradicional em nossa cultura. ∎

Páginas 136 e 137

136

O mundo social surge quando a criança interage com outras pessoas para aprender e expressar suas brincadeiras. Pular amarelinha, rodar um pião, jogar peteca: primeiro se aprende e depois se brinca. Jogos de tabuleiro e suas regras são criações da sociedade e trazem os valores do ganhar ou perder, comprar e vender (KISHIMOTO, 2010, p. 12).

Além de ser uma brincadeira de muita **riqueza cultural**, a Amarelinha cria um **contexto favorável** para a escrita dos números na **série ordenada**.

Em uma das amarelinhas, o desafio é escrever os números de 1 a 8, em outras duas, de 1 a 10, e na amarelinha caracol, do 1 ao 26. Como são quatro amarelinhas, o ideal é propor que as crianças escrevam os números em dias diferentes, uma por dia. Para realizar essa tarefa, elas podem se apoiar nos próprios conhecimentos sobre o sistema de numeração ou, ainda, quem precisar ou quiser, pode consultar algum portador numérico, como o calendário ou uma fita métrica.

Não podemos esquecer que o mais **divertido** é jogar **amarelinha**!

Em suas diferentes modalidades, esse jogo requer a realização de movimentos básicos de arremessar, saltar ora com um, ora com os dois pés, girar e equilibrar-se.

Ao **jogar**, as crianças precisam controlar os **movimentos corporais** para lançar e apanhar a pedrinha, sem pisar na linha, parar e recomeçar.

Além disso, construir o jogo de Amarelinha com as crianças envolve decidir sobre os diferentes formatos e sobre o desafio de representá-los. Usar giz ou carvão para traçar o jogo no chão do pátio apresenta, para as crianças, diversos desafios espaciais: *será que o pé vai caber no quadradinho? Será que vamos conseguir pular de um quadrado para outro?*

As brincadeiras transmitidas de geração em geração são muito apreciadas pelas crianças e constituem importante herança cultural. Algumas brincadeiras de outros tempos nem sempre continuam presentes hoje – esconde-esconde, cabra-cega, pula sela, amarelinha, jogos com pião, bola, corda, os de pontaria, de adivinhação, brincadeiras de outras tradições culturais etc. Muitas delas são parte da herança cultural afro-brasileira ou têm versões semelhantes nas culturas africanas, e podem ser ensinadas às crianças como parte do trabalho de apresentação desse legado cultural e como modos de valorização da cultura da população afro-brasileira (SILVA; BENTO; CARVALHO, 2012, p. 34).

Veja mais brincadeiras tradicionais no **Material do Professor Digital**.

Página 138

A atividade da página 138 contextualiza um projeto de leitura chamado "Sessões Simultâneas de Leitura", já desenvolvido por muitas escolas de Educação Infantil no Brasil. Veja esse projeto em detalhes no Material do Professor Digital.

As práticas de leitura que esse projeto contextualiza podem ser realizadas de maneira independente, por um professor ou uma professora que insira na rotina de sua turma o espaço da biblioteca de sala.

> Bastam um tapete e alguns cestos de **livros** escolhidos com **cuidado**. O essencial da **biblioteca** está aí (PATTE, 2012, p. 103).

Para organizar a biblioteca de sala, não é preciso muito, como bem diz Geneviève Patte (2012), uma especialista francesa em bibliotecas infantis – basta delimitar um espaço aconchegante, selecionar um conjunto de livros de qualidade e ter a presença de um educador que compartilha sua leitura ao fazê-la em voz alta. E ao apresentar os livros para as crianças, o educador também compartilha seu conhecimento sobre eles.

QUAIS LIVROS ESCOLHER?

É interessante propor uma variedade de gêneros e autores: livros de contos clássicos, livros-álbum, livros de histórias, que conversem com o cotidiano das crianças, e livros que falem de outras realidades, tempos e culturas; livros de autores contemporâneos e de autores clássicos, livros que falem de temas da ciência, como animais e planetas, além de livros só de imagens.

COMO SABER QUE UM LIVRO INFANTIL É UM BOM LIVRO PARA A MINHA TURMA?

Vale selecionar livros que criem um diálogo interessante com as crianças, gerem curiosidade, convidem a uma nova leitura e permitam descobertas crescentes.

BOAS CONVERSAS EM TORNO DOS LIVROS

Bastam algumas perguntas para iniciar uma boa conversa com as crianças, deixando fluir suas sensações e descobertas sobre o livro, assim como imagens sugestivas a compartilhar com os colegas. Veja algumas delas, inspiradas no trabalho de Aidan Chambers (2008, p. 44), um estudioso da formação de leitores literários:

- Você já conhecia essa história?
- Em que época aconteceu essa história?
- Em que lugar essa história se passou?
- Que parte da história você mais gostou?

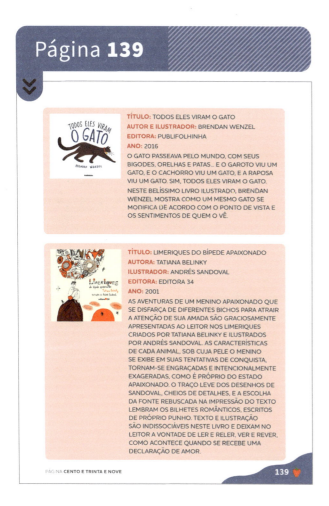

Pouco a pouco as crianças começam a descobrir que podem se apropriar do conteúdo dos livros, como de algo parecido com a memória. Depois de terminada a leitura do adulto, ouvem ecos do texto ao relembrar a história. Experimentam possibilidades de significados e desdobram associações ao recordar trechos da narrativa e repetir frases preferidas, como se fossem encantamentos ("e, todavia, fazia calor"). [...] Podem, inclusive, reconstruir a história em sua cabeça, de tal forma que Cachinhos Dourados e os três ursos possam ser amigos, ou que a Cinderela possa mandar o príncipe fazer suas malas, porque prefere ficar em casa (MEEK, 2004, p. 137). ∎

A proposta da atividade das páginas 138 e 139 é ler em voz alta a sinopse de três livros e perguntar, para a turma, qual dos livros acharam mais interessante.

Você pode ler as **sinopses** disponibilizadas na atividade ou selecionar três livros da **biblioteca** de sala que tenham sinopses na contracapa, fazendo a **leitura** desses textos para a turma **em voz alta**. Assim, você garante que fará a leitura de um **livro escolhido** por ela.

Convidar as crianças a participar da seleção dos livros que serão lidos para todos, explicitando interesses e critérios de escolha, é uma atividade importante para alimentar o percurso leitor de cada uma, além de ajudá-las a identificar seus gostos e suas preferências e a reconhecer a si próprias como leitoras.

Na atividade da página 140, Benjamim, Helena e Iara compartilham seus livros preferidos. Vale a pena ler em voz alta cada indicação e conversar sobre elas com sua turma.

139

Benjamim: *Chapeuzinho Amarelo*, de Chico Buarque

Eu gostei quando a chapeuzinho fica falando assim "lobolobolobo", porque ela não tem mais medo dele. Gostei quando o lobo grita bem forte "Eu sou um lobo!".

Ao ler a indicação de Benjamim, você pode estabelecer uma relação entre o livro indicado pelo menino e a história de *Chapeuzinho Vermelho*, da qual Chico Buarque fez uma versão.

Helena: *Tem um tigre no jardim*, de Lizzy Stewart

Eu gosto da história do tigre porque ele é meu animal predileto e no livro tem muitas aventuras com o tigre, a Nora e a vovó da Nora. Nas ilustrações têm surpresas para descobrir. E você não vai acreditar no final.

Ao ler a indicação de Helena, você pode perguntar as crianças se já leram alguma história que tenha com um personagem o animal preferido delas, se conhecem algum livro em que as ilustrações tragam surpresas e que tenha um final surpreendente.

Iara: *O Flautista de Hamelin*

Eu gostei dessa história em que um monte de ratos invade uma cidade, Hamelin. Eu assisti a uma peça do Furumfumfum e adorei. Depois, ganhei o livro e li várias vezes! Minha avó também lia essa história quando era pequena, ela me mostrou o livro que ela lia e tem até hoje.

Ao ler a indicação de Iara, você pode comentar que essa história é um conto clássico dos Irmãos Grimm, que há muito tempo percorreram a Europa pesquisando os contos de fada que eram contados oralmente em cada lugar, escrevendo todos esses contos em livros que lemos até hoje. Pode, também, relacionar a experiência da leitura com a de assistir a uma peça ou um filme, comentando

que, muitas vezes, acontece conosco o mesmo que com Iara, assistimos a uma peça ou a um filme e nos apaixonamos pela história, que depois lemos e relemos em livros.

A partir dessa conversa, convide as crianças a pensar em qual é a história favorita deles e escrever no espaço disponível nessa página. ∎

Na atividade da página 141, a proposta é convidar sua turma a escrever uma indicação literária, como a que Benjamim, Iara e Helena compartilharam na página anterior.

Uma boa maneira de começar essa produção é retomar com as crianças as **histórias preferidas** delas.

No quadro, você pode organizar uma lista com todas as histórias que foram citadas pela turma. Ao final, releia a lista e convide as crianças a escolher uma dessas histórias para indicar aos amigos de outra turma ou aos pais.

Uma vez escolhido o **livro** a indicar, vale fazer uma nova **leitura** para que todos relembrem a **história**.

Após essa leitura, converse com as crianças sobre as ideias que elas tiveram para fazer uma indicação que motive os colegas a ler o livro escolhido. Nessa roda de conversa é importante registrar as falas das crianças para retomá-las no planejamento coletivo da escrita. Por tratar-se de um texto mais complexo, é importante que você atue como escriba, registrando, no quadro, as frases ditadas pelo grupo. É interessante fazer perguntas que ajudem as crianças a construir o texto, por exemplo: "Como vocês acham que podemos começar nossa indicação?".

Durante a escrita, releia em voz alta, assinalando, no quadro ou no cartaz, o que já foi escrito até então, para que as crianças possam se organizar e pensar na continuidade.

Ao final, releia e vá perguntando o que poderiam acrescentar ou melhorar. Assim, durante a produção, você pode:

- reler o texto e perguntar se a turma quer acrescentar ou modificar algo;
- ler algum trecho que não pareça bem resolvido e convidar seu grupo a melhorá-lo.

Uma vez que todos estejam satisfeitos com o texto, convide as crianças a copiá-lo no livro e a produzir uma bela ilustração para a história. Construa, com as crianças, um cartaz com a indicação para levar a outra sala e compartilhar com os colegas, ou deixar afixado em um local em que os pais possam ler. ■

Páginas 142 e 143

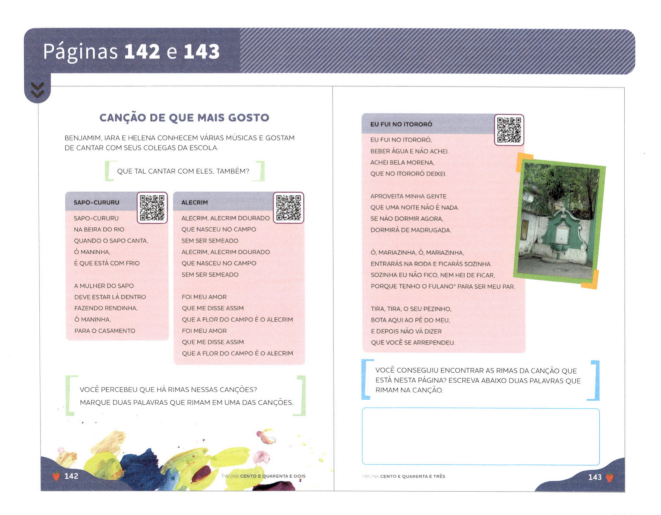

141

As canções do **folclore nacional**, que permeiam as brincadeiras das crianças e, muitas vezes, carregam um importante **tom afetivo** – pois são cantadas em **casa**, com pessoas **queridas** –, têm também um importante papel em convidar à **reflexão sobre as palavras**, sua sonoridade e sua escrita.

 Veja outras canções do folclore nacional no Material do Professor Digital.

As atividades das páginas 142 e 143 envolvem identificar palavras que rimam, isto é, identificar palavras que terminam com a mesma sílaba ou com sílabas que têm sonoridades parecidas. Produzir (dizer) uma palavra que termina com a mesma sílaba que outra é uma habilidade de consciência fonológica que pode ser explorada no dia a dia da Educação Infantil, segundo Artur Gomes de Morais (2019), convidando as crianças a investigar a sonoridade das palavras e as relações entre língua oral e língua escrita.

> Numa pesquisa que também acompanhou duas turmas de final de Educação Infantil com práticas de ensino distintas, Aquino (2007) encontrou resultados que vão na mesma direção. As metodologias de ensino das docentes se diferenciavam pelo fato de uma professora constantemente explorar com seus alunos rimas de poemas, parlendas e canções do folclore, enquanto a outra mestra não o fazia. Ao final do ano, entre os alunos que haviam sido estimulados a refletir sobre rimas, a proporção daqueles que tinham alcançado uma hipótese silábica de escrita era bem mais alta (50%) do que na outra turma, em que 70% dos aprendizes ainda revelavam uma hipótese pré-silábica mais primitiva de escrita (ainda misturando letras, números e outros símbolos) (MORAIS, 2019, p. 108).

Por isso é importante que atividades como essas sejam retomadas com alguma frequência para convidar as crianças a brincar com sílabas e, com isso, investigar as relações entre letras e sons.

EU FUI NO ITORORÓ

EU FUI NO ITORORÓ,
BEBER ÁGUA E NÃO ACHEI.
ACHEI BELA MORENA,
QUE NO ITORORÓ DEIXEI.

APROVEITA MINHA GENTE
QUE UMA NOITE NÃO É NADA.
SE NÃO DORMIR AGORA,
DORMIRÁ DE MADRUGADA.

Ó MARIAZINHA, Ó MARIAZINHA,
ENTRARÁS NA RODA E FICARÁS SOZINHA.
SOZINHA EU NÃO FICO, NEM HEI DE FICAR,
PORQUE TENHO O FULANO PARA SER MEU PAR.

TIRA, TIRA, O SEU PEZINHO,
BOTA AQUI AO PÉ DO MEU,
E DEPOIS NÃO VÁ DIZER
QUE VOCÊ SE ARREPENDEU. ■

 Na página 142 do livro da criança, a coralista Maria Beatriz Bacellar Monteiro compartilha com as crianças uma cantiga que adorava cantar e brincar com seus irmãos, na infância. Vale a pena convidar sua turma a conhecer essa pérola e brincar com a história de Fernando Sétimo. Para isso, basta capturar o código QR com a câmara fotográfica do celular.

 Na página 143 do livro da criança temos outro código QR, dando acesso à gravação de Fui no Itororó, feita pelo músico e educador Ricardo Breim, que desenvolveu um trabalho importante com cantigas de roda, acompanhando a prática de professoras da Educação Infantil. ■

Na página 144, apresentamos a música "Fernando Sétimo", que, assim como "O Sapo Não Lava o Pé", convida as crianças a experimentarem as transformações que ocorrem nas palavras quando substituímos suas vogais por uma só (ou A, ou E, ou I, ou O, ou U).

Permite, assim, que as crianças brinquem, modificando as palavras ao dizer todas as suas sílabas com a mesma vogal (FERNANDO - FARNANDA - FERNENDE - FIRNINDI - FORNONDO - FURNUNDU), observando o que se mantém da palavra e o que muda ao fazer isso.

 Na página 144 do Livro da Estudante, a coralista Maria Beatriz Bacellar Monteiro compartilha uma cantiga que adorava cantar e brincar com seus irmãos, na infância. Convide sua turma a conhecer essa pérola e brincar com a história de Fernando Sétimo. Basta acessar o código QR.

Uma boa forma de propor essa reflexão com a turma é escutar com eles a canção disponível por meio do código QR e, depois, cantar essa música em muitas brincadeiras.

A atividade também convida as crianças a escrever o nome da música preferida delas. Você pode utilizar essa atividade como base para organizar um sarau de canções folclóricas com sua turma. ∎

Neste glossário, destacamos um dos temas tratados na unidade, as frutas preferidas, para ampliar o diálogo sobre diferentes tipos de fruta, incentivando as crianças a experimentá-las e a desenvolver hábitos de consumo saudáveis. Olhar mais de perto aquelas que fazem parte do cotidiano da criança, que sejam consumidas inteiras, em sucos ou vitaminas, é uma boa forma de situar de que árvore vêm, como é o caroço e a semente de cada uma, qual a sua cor, o seu sabor.

Ver as árvores frutíferas em seus ciclos naturais é ganhar intimidade com elas. ∎

143

UNIDADE 7 · CONCLUSÃO

Quando você escolhe algo para documentar, quando você tira uma foto ou grava um vídeo de uma experiência, você está fazendo uma escolha. Isto significa que você está valorizando ou avaliando essa experiência como significativa para os processos de aprendizagem das crianças, assim como para seus próprios processos de aprendizagem. Quando você documenta, você está compartilhando a aprendizagem das crianças e a sua – o que você entende, sua perspectiva, além do que você considera significativo. Dentro da palavra avaliação está a palavra valor. Valorizar significa dar valor a esse contexto de ensino e a certas experiências e interações dentro daquele contexto. Isto é o que oferecemos aos processos de aprendizagem das crianças e dos nossos colegas (RINALDI, 2016, p. 243).

Assim, a avaliação permeia o próprio processo de documentação, porque ao produzi-la se explicita o elemento do valor, assim como os indicadores utilizados ou visíveis e compartilháveis com outros educadores, pais e crianças. Para acompanhar as aprendizagens das crianças nesta unidade, é importante documentar:

→ as estratégias de leitura que utilizaram para ler receitas e encontrar as informações pedidas;

→ as estratégias de escrita que fizeram uso ao escrever o nome de comidas, histórias e brincadeiras favoritas;

→ como seus alunos participaram das escritas coletivas da lista do que levar para o piquenique e da indicação literária;

→ as rimas que seus alunos já identificam;

→ as brincadeiras que fazem com a sonoridade das palavras (como na música "Fernando Sétimo"). ∎

UNIDADE 8 · **INTRODUÇÃO**

Páginas **146** e **147**

Se o espaço é morada dos objetos, o tempo é morada das ações. Se os objetos precisam de um espaço para estar, as ações precisam de um tempo para se realizar. As ações têm duas categorias temporais fundamentais: duração e sequência (MACEDO, 2005. p. 121).

As crianças, ao longo da Educação Infantil, constroem estratégias pessoais para se situar no tempo, construindo marcos que tornem observável o passar do tempo ao longo do dia, na escola, ao longo de uma brincadeira ou atividade, ou ao longo da espera por algo ou alguém.

Esse processo é alimentado e favorecido pela organização do tempo didático: quando compartilhamos a rotina de cada dia, tornamos os eventos da rotina, marcos no tempo, compartilhados por

A rotina informa sobre como será o dia.

145

toda a turma, ajudando a tornar observável as várias ações que têm lugar ao longo do dia, sua localização no tempo que a criança passa na escola.

O trabalho com o calendário é uma estratégia didática que apoia amplamente a construção desses procedimentos pessoais para organizar-se no tempo ao passo que é um contexto valioso para a aprendizagem dos números e das regularidades do sistema de numeração.

O uso frequente do calendário possibilita que as crianças aprendam sobre o funcionamento dos números em um contexto específico, familiarizando-se com uma forma particular de organizar a informação, acompanhando a passagem do tempo.

> Não há dúvida de que interagir com diferentes usos sociais dos números no cotidiano da Educação Infantil pode favorecer que algumas crianças tomem consciência das suas diferentes funções, que avancem nos procedimentos de contagem, que comecem a elaborar conjecturas a respeito de como se escrevem e como se leem os números, que estabeleçam regularidades sobre a escrita ou o nome de alguns números, que comecem a ter certas ideias acerca da quantidade de algarismos que um número do calendário pode ter e que comecem a memorizar a escrita e os nomes de alguns dos números (BROITMAN, 2007, p. 1, tradução nossa).

Na Unidade 8 – Tempo, Tempo, vamos discutir como a presença do calendário, usual nas salas de Educação Infantil, pode ser um convite para investigações, aprendizagens e descobertas sobre os números, sobre as regularidades do Sistema de Numeração e sobre as medidas de tempo. Lembre-se de que o uso social do calendário é uma atividade carregada de sentido, que deve permear todo o ano letivo. Por isso, as atividades propostas nesta unidade podem ser espaçadas ao longo do ano, conforme você avalie que representem um desafio para sua turma, você pode, também, propor outras atividades semelhantes a essas.

As propostas, que aqui compartilhamos, dialogam com os Campos de Experiências:

→ O eu, o outro e o nós;
→ Escuta, fala, pensamento e imaginação;
→ Espaços, tempos, quantidades, relações e transformações.

E contextualizam o trabalho com os objetivos de aprendizagem e desenvolvimento.

OBJETIVOS PEDAGÓGICOS

- Ampliar as relações interpessoais, desenvolvendo atitudes de participação e cooperação (**BNCC: EI03EO03**).
- Manifestar interesse e respeito por diferentes culturas e modos de vida (**BNCC: EI03EO06**).
- Expressar ideias, desejos e sentimentos sobre suas vivências, por meio da linguagem oral e escrita (escrita espontânea), de fotos, desenhos e outras formas de expressão (**BNCC: EI03EF01**).
- Registrar observações, manipulações e medidas, usando múltiplas linguagens (desenho, registro por números ou escrita espontânea), em diferentes suportes (**BNCC: EI03ET04**).
- Relatar fatos importantes sobre seu nascimento e desenvolvimento, a história dos seus familiares e da sua comunidade (**BNCC: EI03ET06**).
- Relacionar números às suas respectivas quantidades e identificar o antes, o depois e o entre em uma sequência (**BNCC: EI03ET07**).
- Expressar medidas (peso, altura etc.) (**BNCC: EI03ET08**). ■

UNIDADE 8 · PÁGINA A PÁGINA

Página 148

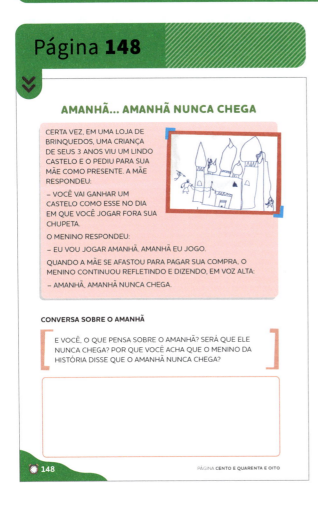

- E você, o que pensa sobre o amanhã?
- Será que ele nunca chega?
- Por que você acha que o menino da história disse que amanhã nunca chega?

> Perguntaram para Piaget quem nasceu antes: o ovo ou a galinha? Sabe o que ele respondeu? O pintinho. Não foi a galinha porque a galinha dependia do ovo. Não foi o ovo porque o ovo dependia da galinha. Foi o pintinho. Quando nasce uma criança é o mundo que recomeça. Nesse sentido, somos filhos de uma criança, não pais. Antes de nós, vieram as crianças. As crianças nasceram antes e portanto são mais velhas do que nós, caso se pense como referência o ponto de partida. Nós morremos. As crianças são eternas (MACEDO, 2009, [s.p.]).

Pode ser interessante ter um **calendário**, em mãos, para colocá-lo no centro da roda, e localizar com as crianças o **dia** em que vocês estão:

- Alguém sabe que dia da semana é hoje?

A partir das respostas das crianças, indique a coluna do calendário que marca esse dia da semana:

- Vejam, como hoje é segunda-feira [por exemplo] o dia de hoje está aqui, nessa coluna.
- Alguém sabe o número do dia de hoje?

A partir da informação das crianças, ou mesmo, da informação que você dê, circule o dia no calendário. E, então, pergunte:

- Se hoje é segunda-feira, dia 25 [por exemplo], que dia vai ser amanhã?
- E quando a gente se encontrar, no dia 26, aqui na escola, tem um amanhã, depois do dia 26? Que dia será?
- E ontem? Como podemos saber que dia foi?

A atividade da página 148 convida as crianças a ingressar em um percurso de reflexão sobre o tempo e de construção de estratégias para localizar-se nele, a partir da história de uma criança como elas, que se pergunta sobre o sentido do termo "amanhã".

A noção de tempo é uma construção bastante complexa. Mesmo nós, adultos, temos dificuldade de entender alguns desses fenômenos, como, por exemplo, poder ver aqui da Terra, no céu, à noite, o brilho de uma estrela que não existe mais. Assim, existe algo filosófico na observação da criança sobre o amanhã.

Por isso, é interessante ler em voz alta essa história para as crianças e propor uma roda de conversa convidando-as a se posicionar e a refletir sobre o que está expresso ali:

Uma conversa como essa alimenta as reflexões das crianças acerca de como os números dos dias mostram a medida do tempo que já se passou em um determinado mês, além de ajudar a construir a ideia de que "ontem" e "amanhã" são termos relativos, que dependem da nossa ancoragem no "hoje". Sendo assim, é interessante registrar as ideias das crianças e alguns procedimentos compartilhados a respeito de como se localizar no calendário. Esse registro ganha muito valor caso seja organizado num cartaz que possa ser consultado por todos. ■

A atividade da página 149 permite retomar e alimentar as reflexões sobre o tempo, iniciadas na atividade da página anterior. A primeira proposta investiga o uso do relógio: nessa aproximação inicial, não é esperado que as crianças saibam ler as horas; a ideia é atribuir significado a esse portador numérico, que costuma estar presente na rotina diária.

Após ler a consigna em voz alta, converse sobre as experiências delas com relógios, questionando se seus familiares costumam utilizar e em que momentos eles precisam saber que horas são. Questione, também, o uso que se faz do relógio na escola (horário de entrada e saída, hora do lanche etc.).

Registre as ideias no cartaz que você iniciou na conversa anterior ou, se for preciso, comece outro, para que as hipóteses e ideias possam ficar à disposição de todos, para novas consultas.

Ao final, pergunte se as crianças sabem descobrir as horas ao consultar um relógio e combine com elas de escrever a própria resposta, que pode ser apenas "sim" ou "não", no primeiro espaço da página 149. Como se trata de uma escrita mais simples, você pode agrupar as crianças que vão responder "sim", em algumas mesas, para que se ajudem nessa escrita, fazendo o mesmo com as que vão escrever "não".

É importante frisar que haverá muito **tempo** para aprender a ler as **horas no relógio**, e que essa é apenas uma **primeira aproximação**.

Numa próxima aula, continue essa conversa compartilhando a consigna da segunda atividade da página 149: investigar se há calendários e de que tipo são, na casa das crianças. Elas podem responder também por meio do desenho, da forma que acharem melhor. Quando todas tiverem respondido, é importante trocar ideias e consultar o cartaz da conversa sobre o amanhã, consultando as crianças para saber se querem acrescentar alguma informação.

Sabemos que há diferentes tipos de calendário utilizados socialmente (folhinhas anuais, mensais, semanais) que podem ser utilizados com diferentes funções na escola. Para que as crianças possam avançar na reflexão sobre os números e sobre as medidas de tempo, é importante ter um calendário mensal afixado na parede da sala, na altura das crianças.

Usá-lo rotineiramente possibilita que elas tenham **contato com números** e **reflitam** sobre a **série numérica**.

A partir do calendário, você pode propor muitas investigações e boas conversas. Por exemplo, no começo do ano letivo, que normalmente ocorre em fevereiro, você pode retomar a experiência de janeiro, mostrando esse mês no calendário e perguntando:

- No mês de janeiro tivemos férias e muitas coisas aconteceram nesses dias.
- Em que dia da semana começou janeiro?

Uma opção, também, é oferecer um calendário para cada criança preencher. Nesse caso, no início de cada mês, você pode problematizar com elas seu preenchimento. Por exemplo, no mês de março:

- Em que dia da semana começou março? *Procure essa informação em outro calendário para preencher o seu com o número de cada dia.*
- Será que algum colega fez aniversário neste mês? *Caso houver, escolha uma cor para cada criança e pinte o dia do aniversário delas.* ∎

Na página 150, a proposta é investigar os usos que outras crianças como elas fazem do calendário.

Leia a primeira proposta em voz alta, convidando a turma a descobrir o que Helena quis marcar quando colou dois adesivos em seu calendário pessoal: será que isso se relaciona ao aniversário dela? O que mais pode estar marcado ali? Depois de uma boa conversa, convide as crianças a registrar, por meio de um desenho ou uma anotação, as ideias que elas tiveram.

Em uma outra ocasião, é interessante investigar com as crianças o uso do calendário que aparece na imagem ao final da página 150. Para isso, leia a consigna em voz alta e convide as crianças a compartilhar suas ideias sobre como estava o clima nos dias 29 e 30. Essas ideias podem ser usadas no calendário da sala ou nos calendários pessoais das crianças.

Você pode também propor que as crianças plantem uma semente (feijão, milho, abacate etc.) e acompanhem seu crescimento, **medindo**, e **marcando no calendário** quanto cresceram.

No trabalho com o calendário, é muito importante garantir que diferentes crianças tenham o desafio de anotar o dia ou descobrir quantos dias faltam para um acontecimento aguardado por todos. A maneira como encaminhamos o trabalho é decisiva para que as crianças avancem em suas reflexões sobre os números, como nos diz Susana Wolman (2000):

> É preciso indagar-se sempre sobre que conhecimentos as crianças precisam acionar ou que problemas precisam resolver para solucionar as propostas que lhes fazemos no dia a dia. Se o trabalho no calendário resume-se a marcar com um X o dia de hoje, uma atividade que poderia ser rica e instigante torna-se mecânica. É completamente diferente a situação em que as crianças necessitam encontrar um dia ou um número em um calendário que não tem essas marcas. Precisam, então, colocar em ação diferentes procedimentos que articulam seus saberes sobre o portador e os números. Por exemplo, quando as crianças necessitam encontrar

149

um número cuja escrita convencional não conheçam, poderão apoiar-se na recitação da série oral e ir contando, apontando para os números, do 1 até chegar ao número desejado, ou ainda buscar um número conhecido, próximo ao desejado e, a partir dele, seguir contando (WOLMAN, 2000, [s.p.], tradução nossa). ■

Página 151

A experiência da criança no mundo vai se organizando em torno de marcos identitários e afetivos, como o conhecimento do nome próprio, do espaço de convívio familiar, em que se partilham hábitos e objetos que podem ser chamados de "meus" e de "nossos", e do dia do aniversário, que marca a presença da criança no mundo e a comemoração disso.

Essa página é dedicada ao registro do aniversário de alguns colegas da turma. Antes de apresentá-la para as crianças, é interessante conversar sobre a experiência de fazer aniversário e saber se elas conhecem o dia e o mês de seu aniversário. Caso a maioria tenha essa informação memorizada, você pode informar àqueles que têm dúvida e seguir com a atividade.

Caso a maior parte das crianças tiver dúvidas, você pode construir, coletivamente, o texto de um bilhete aos familiares, pedindo que enviem essa informação para a escola. Mesmo que esse texto depois seja digitado e impresso, o fato de as crianças serem coautoras do próprio conteúdo dá condições para elas que ajam com autonomia, em casa, atuando como interlocutoras dos familiares no pedido dessas informações e acompanhando seu registro.

Quando todas estiverem apropriadas dessa informação, organize as crianças em grupos de cinco, nas mesas, orientando que cada uma delas copie ou escreva, um a um, o nome dos colegas, preenchendo um quadro por vez. Deixe à disposição os cartões com nomes, para que todos tenham uma referência para organizar a escrita.

> Quando terminarem de escrever o nome de um colega, peça às crianças que perguntem qual **o dia do aniversário** dele, registrando essa informação no campo "**data**", indicado **ao lado do nome**. O processo continua até que todos os espaços estejam preenchidos.

É muito importante circular entre os grupos, **apoiando as crianças** nessa tarefa. ■

Página 152

A página 152 aborda o tema das festas da cultura popular no Brasil, destacando que fevereiro é o tempo do Maracatu, em Pernambuco.

> Vale a pena ler o texto **em voz alta** e explorar as **imagens** com as crianças, convidando-as a uma conversa sobre as **festas** que marcam a **cultura regional**.

Converse sobre os personagens de cada festa com as crianças: explore os brinquedos da tradição popular que se fazem mais presentes na cultura de sua região, como os caboclos de lança, no Maracatu; Pierrô e Colombina, no Carnaval; caipiras e noivinhos, nas Festas Juninas; o Boi e o Fazendeiro, no Bumba Meu Boi, entre outros.

As brincadeiras e jogos são repletos de informações e ampliam as competências do ser humano tanto em sua feição coletiva como na individual. Saber representar diversos papéis (ora sou o bom, ora sou o mau, ora sou o personagem principal, ora o secundário, ora consigo realizar o desafio rítmico e motor, ora não) proporciona ao ser humano uma compreensão da sua inteireza. Os brinquedos com música fazem parte do universo infantil. Neles estão inseridos os segredos da infância, da tradição popular. É nos brinquedos e jogos que a criança aprende os primeiros preceitos da vida, movimenta seus músculos (respira, caminha, salta, corre, adquirindo assim um grande desenvolvimento rítmico), desenvolve a imaginação, a concentração, a improvisação, a flexibilidade e a fluidez de seu pensamento musical (TATIT; LOUREIRO, 2016, p. 10).

> Por isso, depois dessa boa conversa com as crianças, é interessante pensar que **festas podem ser brincadas** na escola, envolvendo todos nessa forma alegre e viva de conhecer a **tradição cultural** do nosso país.

Em outra ocasião, retome a conversa com as crianças, listando no quadro as festas mais importantes de sua região e suas datas. Convide as crianças a consultar essa lista e escolher uma festa para anotar o nome e a data dela no espaço ao final da página 152 do Livro do Estudante. ■

Página 153

A terceira parte, em outro dia, seria retomar a parlenda e explorar o calendário da sala, procurando a coluna do domingo e copiando os dias do mês que caem no domingo.

Na página 153 do Livro do Estudante, a parlenda "Hoje é domingo" na voz de Iara Aslanian Monteiro de Oliveira.

Página 154

A atividade da página 153 propõe investigar os dias que cairão no domingo do mês em que se está, a partir da experiência lúdica com a parlenda "Hoje é Domingo". Você pode dividir a atividade em três partes, organizando cada uma delas em diferentes dias da semana: primeiro, a partir de uma leitura em voz alta, feita por você, da parlenda, convide as crianças a tentar recitar alguns trechos, desafiando-as a, aos poucos, ter essa parlenda de cor.

Em seguida, explore oralmente a sonoridade das rimas da parlenda, convidando as crianças a identificar que palavras terminam de forma parecida. Depois de fazer isso, leia a parlenda, dois versos [linhas] por vez, e vá perguntando: quais palavras rimam nesse trechinho? Que parte de "domingo" é parecida com "cachimbo"? E entre "jarro" e "barro"? Vamos pintar as partes parecidas?

Quando você terminar essa **exploração coletiva**, leia a consigna em voz alta e convide as crianças a responder, da sua maneira.

Outra atividade possível, para explorar o calendário, é propor **diferentes problemas** a partir de algumas datas de **aniversário** das crianças.

Na página 154 do Livro do Estudante, propomos uma investigação sobre o dia 23 de abril. Organize as crianças em pequenos grupos de acordo com a proximidade de conhecimentos numéricos e peça a elas que observem os quatro

152

cartões desenhados na página, procurando descobrir em qual deles está escrito o número "23".

Para decidir sobre qual escrita corresponde ao número 23, as crianças podem se apoiar em seus conhecimentos sobre como começam os números quando falamos "vinte". Elas podem conversar entre si, trocando ideias e informações. O importante é que ao escolher a escrita do "vinte e três", mesmo que não escolham o convencional, possam explicar por que não "valem" as outras escritas.

> Esse esforço de **explicitação de critérios** contribui para que circule na sala um **conhecimento validado** por todos sobre como se escrevem determinados números e, também, para que cada criança possa avançar nas suas **reflexões** sobre as regularidades do **sistema de numeração**.

Outras possibilidades de intervenção semelhantes são:

- Dizer que "Hoje é dia 29 de junho" e anotar no quadro três escritas de números: 29, 92 e 209. Assim, convide as crianças a identificar qual escrita corresponde a "vinte e nove".
- Ou comentar com as crianças que você tem três amigas que fazem aniversário nesse mês, uma no dia 28, outra no dia 8, e a terceira no dia 18. A ideia é identificar qual data de aniversário vem antes. E perguntar para as crianças: qual desses três dias vem antes? Qual vem depois? As crianças devem receber os números escritos e marcar a ordem adequada das datas de aniversário.

Proponha, em outra ocasião, a segunda atividade dessa página, convidando as crianças a completar os números que faltam no calendário.

O glossário retoma temas tratados nesta unidade. Um relógio mede o tempo, esse conceito, para as crianças, é difícil de apreender. Se nos perguntam, "O que é o tempo?", o que responderíamos? O tempo medido no planeta Terra é aquele que o planeta leva para fazer um giro de 24 horas em torno da Terra, que aqui vemos como as 12 horas do dia e da noite, quando o Sol não nos ilumina. Daqui vemos a Lua em suas várias faces, que dependem da luz que nosso satélite recebe do Sol. As crianças pequenas ainda não compreendem as interdependências de órbitas de planetas e satélite em torno da estrela central do sistema solar, mas têm imensa curiosidade, vontade de saber mais, e ótimas hipóteses sobre espaço e tempo no céu. ■

UNIDADE 8 · **CONCLUSÃO**

ATIVIDADE HABITUAL: CALENDÁRIO

Perguntas para refletir sobre o trabalho com calendário, em sua turma:

1. O calendário está presente na sua sala? É um calendário usado socialmente?
2. Você convida as crianças a marcar datas significativas para o grupo no calendário?
3. Você convida as crianças a consultar a passagem do tempo e calcular quantos dias faltam para um determinado evento?
4. Você convida as crianças a utilizar o calendário como fonte de consulta para escrever números que elas ainda não sabem escrever convencionalmente?
5. Há outras fontes de consulta numérica em sua sala, como fitas métricas e quadro numérico? Você convida as crianças a utilizá-las quando necessário?

MODELOS DE PLANILHAS PARA ACOMPANHAR AS ESTRATÉGIAS DE USO DO CALENDÁRIO, EM SUA TURMA:

Modelo 1 - Como as crianças fazem para consultar datas no calendário?

Nome das crianças	1º semestre			2º semestre		
	Contam a partir do "1" para encontrar o número desejado?	Encontram um número conhecido e contam a partir dele?	Apoiam-se em alguma regularidade do sistema de numeração?	Contam a partir do "1" para encontrar o número desejado?	Encontram um número conhecido e contam a partir dele?	Apoiam-se em alguma regularidade do sistema de numeração?

154

Modelo 2 - Como as crianças fazem para anotar números no calendário?

Nome das crianças	1º semestre			2º semestre		
	Usa algarismos e os registra segundo hipóteses pessoais?	Consulta um portador numérico?	Conhece algumas regularidades do sistema de numeração?	Usa algarismos e os registra segundo hipóteses pessoais?	Consulta um portador numérico?	Conhece algumas regularidades do sistema de numeração?

ANEXOS

Os Anexos deste Livro do Estudante servem aos objetivos pedagógicos de cada uma das unidades nas quais suas atividades estão inseridas, além de darem suporte à avaliação formativa e ao monitoramento de aprendizagem, contribuindo para a observação e o registro da trajetória de cada criança. Ao longo do conteúdo específico de cada unidade foram fornecidas orientações sobre o uso do anexo e, abaixo, está a reprodução comentada de cada uma de suas páginas. ∎

Página 156

Páginas 157, 158 e 159

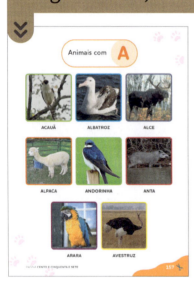
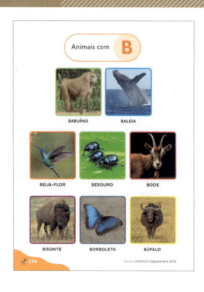

p. 157 - Animais com A: ACAUÃ, ALBATROZ, ALCE, ALPACA, ANDORINHA, ANTA, ARARA, AVESTRUZ.

p. 158 - Animais com B: BABUÍNO, BALEIA, BEIJA-FLOR, BESOURO, BODE, BISONTE, BORBOLETA, BÚFALO.

p. 159 - Animais com C: CACHORRO, CAVALO, CAVALO-MARINHO, CEGONHA, CISNE, CARCARÁ, COELHO, CORUJA, CARAMUJO.

As páginas 157 a 180 trazem imagens e nomes de animais de várias espécies, e do mundo todo. As páginas dão continuidade ao conjunto de animais que estão na **Unidade 1 – Livro da Fauna**. As fichas constituem um acervo de palavras estáveis, os nomes dos animais, que as crianças poderão consultar para brincar com o jogo STOP, que está na página 79. Com nomes que se iniciam com as letras **A**, **B** e **C**, há muitos animais próximos ao nosso convívio, que as crianças poderão observar e desenhar em outra folha de papel. ■

p. 160 - Animais com D: DAMÃO, DIABO-DA--TASMÂNIA, DINGO, DODÔ, DRAGÃO--DE-KOMODO, DRONGO, DROMEDÁRIO, DUGONGO.

p. 161 - Animais com E: ELEFANTE, ELEFANTE-MARINHO, ENGUIA, ÉQUIDNA, ESCARAVELHO, ESQUILO, ESTORNINHO, ESTRELA-DO-MAR.

p. 162 - Animais com F: FALCÃO, FENECO, FLAMINGO, FOCA, FORMIGA, FUINHA, FURA-PASTOS, FURÃO.

Interessante como os animais com nomes que começam com a letra **D** são, para nós, raros e estranhos. O pássaro **DODÔ**, por exemplo, aparece na história de *Alice no País das Maravilhas*, do escritor e matemático britânico Lewis Carroll (1832-1898).

Em artigo para o jornal *Folha de S.Paulo*, o escritor brasileiro Rubem Alves (1933-2014) esclarece:

A turma da Alice, que era formado pelo pássaro Dodô – esse pássaro existiu de verdade, mas foi extinto –, um rato, um caranguejo, uma marmota, um pombo, uma coruja, uma arara, um pato, um macaco, todos diferentes, cada um do jeito como seu corpo determinava, todos eles pensando numa coisa só: o que fazer para ficar secos. O pássaro Dodô sugeriu uma corrida. Correndo o corpo esquenta e fica seco. Mas Alice queria saber das regras. O pássaro Dodô explicou: "Primeiro marca-se o caminho da corrida, num tipo de círculo (a forma exata não tem importância), e então os participantes são todos colocados em lugares diferentes, ao longo do caminho, aqui e ali. Não tem nada de 'um, dois, três, já'. Eles começam a correr quando lhes apetece e abandonam a corrida quando querem, o que torna difícil dizer quando a corrida termina." Notem a desordem: um círculo de forma inexata, os participantes são colocados em lugares diferentes, aqui e ali, e não tem "um, dois, três, já", começam a correr quando lhes apetece e abandonam a corrida quando querem.

Assim, a corrida começou. Cada um corria do jeito que sabia: pra frente, pra trás, pros lados, aos

157

pulinhos, em zigue-zague... Depois que haviam corrido por mais ou menos meia hora, o pássaro Dodô gritou: "A corrida terminou!" Todos se reuniram ao redor do Dodô e perguntaram: "Quem ganhou?". "Todos ganharam", disse Dodô. "E todos devem ganhar prêmios" (ALVES, 2011) [s.p.]).

As letras **E** e **F** são as iniciais de nomes de animais mais conhecidos, embora **FENECO** seja palavra rara, mesmo para jogadores experientes no jogo STOP, como é o caso das irmãs Eva e Leona, com 12 e 10 anos de idade, respectivamente. ■

Páginas 163, 164 e 165

p. 163 - Animais com G: GAIVOTA, GATO, GIRAFA, GOLFINHO, GORILA, GUARÁ, GUANACO, GUEPARDO.

p. 164 - Animais com H: HADOQUE, HAMSTER, HIENA'.

p. 165 - Animais com I: IAQUE, ÍBEX, IGUANA, IMPALA, INDRI, IRARA, IRERÊ.

Animais com nomes que começam com as letras **G, H, I** contam com admiradores entre as crianças pequenas, como é o caso da **GIRAFA** e do **HIPOPÓTAMO**, que as crianças poderão desenhar na página 164 do **Livro do Estudante**. Pode ser interessante realizar estudos e desenhos de observação de fotografias de **HIPOPÓTAMOS**, antes de começar o desenho no próprio livro. Animais domésticos como o **GATO**, tão próximos de nós como os **CACHORROS**, podem dar margem a boas conversas na roda de conversa com as crianças pequenas, além de histórias e desenhos a partir das experiências de cada uma delas. A oportunidade serve, também, para ativar nossos conhecimentos, professor ou professora: você já ouviu falar nas espécies **ÍBEX** e **INDRI**? ■

Páginas **166**, **167** e **168**

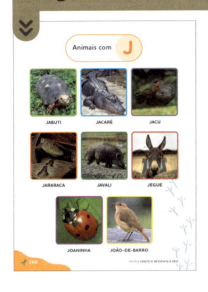

p. 166 - Animais com J: JABUTI, JACARÉ, JACU, JARARACA, JAVALI, JEGUE, JOANINHA, JOÃO-DE-BARRO.

p. 167 - Animais com K: KAKAPO, KEA, KINGUIO.

p. 168 - Animais com L: LAGARTIXA, LEÃO, LEÃO-MARINHO, LÊMURE, LEOPARDO, LHAMA, LINCE, LOBO.

Com a letra **J**, há muitos animais presentes em várias regiões do Brasil, como o **JACARÉ** e a **JOANINHA,** tão boa para desenhar. O **JEGUE** zurra, é teimoso e está presente em todo o Nordeste brasileiro, sendo parceiro do homem em muitas funções de transporte. Com **L**, há o **LEÃO**, o rei, que vive na África; já o **LOBO** e a **LHAMA** vivem em lugares frios, como a Europa e os Andes, respectivamente. Com a letra **K**, pouco usada em língua portuguesa, existe o peixinho **KINGUIO,** que as crianças pequenas deverão desenhar na própria página 168. ■

Páginas **169**, **170** e **171**

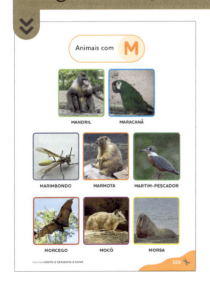

159

p. 169 - Animais com M: MANDRIL, MARACANÃ, MARIMBONDO, MARMOTA MARTIM-PESCADOR, MORCEGO, MOCÓ, MORSA.

p. 170 - Animais com N: NAJA, NARVAL, NÁUTILO, NEON, NOIVINHA, NUMBAT.

p. 171 - Animais com O: OCAPI, ORANGOTANGO, ORCA, OURIÇO-DO-MAR, OVELHA

A picada de um **MARIMBONDO** é muito dolorosa, então melhor não mexer com eles! Assim como as **ABELHAS**, eles constroem ninhos laboriosos em formas geométricas. A **MARMOTA** tem hábitos repetidos, de tal forma que anuncia o inverno nos países do hemisfério Norte, como podemos ver no filme **O feitiço do tempo**, de 1993, dirigido pelo norte-americano Harold Ramis. Quem conhece o **NUMBAT**? Ele é uma espécie de marsupial, que vive na Austrália. Já o **OROTANGO**, tão simpático, pode ser encontrado na Ásia, e não ser tão dócil quanto imaginamos. O **OURIÇO**, conhecido em muitas regiões brasileiras como **LUÍS-CAIXEIRO**, vive em ocos de paus de onde sai em noites de Lua Cheia para procurar manteiga, aproximando-se de casas. Com isso, os cachorros latem, querem abocanhá-lo, mas acabam ficando com a boca e a garganta cheia de espinhos, que são muito difíceis de serem extraídos. ■

Páginas **172**, **173** e **174**

p. 172 - Animais com P: PACA, PANDA, PAPAGAIO, PATO, PELICANO, PINGUIM, POLVO, PORCO.

p. 173 - Animais com Q: QUATIPURU, QUEIXADA, QUEM-TE-VESTIU, QUETZAL, QUIMERA, QUIRIQUIRI, QUIRQUINCHO.

p. 174 - Animais com R: RÃ, RABO-DE-ARAME, RAPOSA, RÊMORA, RENA, RINOCERONTE, ROLINHA, ROUXINOL.

PANDA, **PINGUIM**, **PAPAGAIO** são animais muito queridos das crianças pequenas com idade em torno dos 5 anos de idade. O **PORCO** e o **POLVO**, ambos animais inteligentes, fazem pena comê-los, sendo este o assunto do filme *Babe, o porquinho atrapalhado*, de 1995, dirigido por Chris Noonan. O **QUIRQUINCHO** parece um **TATU** e a **RAPOSA** se parece bastante com o **LOBO-GUARÁ**, que se alimenta do fruto da árvore Lobeira, vive no Cerrado brasileiro e está em risco de extinção. ■

160

Páginas 175, 176 e 177

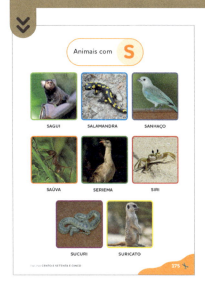
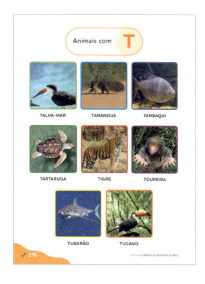

p. 175 - Animais com S: SAGUI, SALAMANDRA, SANHAÇO, SAÚVA, SERIEMA, SIRI, SUCURI, SURICATO.

p. 176 - Animais com T: TALHA-MAR, TAMANDUÁ, TAMBAQUI, TARTARUGA, TIGRE, TOUPEIRA, TUBARÃO, TUCANO.

p. 177 - Animais com U: UÍ-PI, URUBARANA, URSO, URUBU, URUTAU, URUTU

No mundo animal, a **SERIEMA** pode se atracar com uma **SUCURI** em uma luta de vida ou morte, e a carcaça de um dos dois, por exemplo, pode se tornar a comida de um **URUBU**. As crianças pequenas podem pensar que a palavra **URUBU** não serve para escrever "porque tem muitos U", como disse Martim (5,3), isto é, muitas letras repetidas. Carlinhos (5,4) escreve espontaneamente na lousa, **I I** para a palavra **TIGRE**. Fica perplexo: "mas só isso? Com duas letras iguais?", e insere letras de seu nome próprio, obtendo algo como **C I H I O S**, que o deixa ainda mais insatisfeito, saindo da sala para o pátio a brincar com os amigos. Já o **TAMANDUÁ** come **FORMIGA**, e a **TARTARUGA** marítima recebe cuidados do projeto TAMAR (<tamar.org.br>) ao longo da costa brasileira. E, afinal, quem não tem medo do **TUBARÃO**? ■

161

Páginas 178, 179 e 180

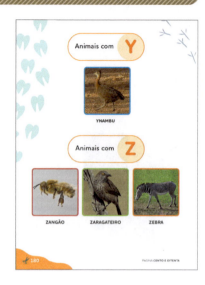

p. 178 - Animais com V: VACA, VAGA-LUME, VERDILHÃO, VICUNHA, VISON, VIÚVA-NEGRA.

p. 179 - Animais com W: WALLABY; Animais com X: XAJÁ, XARÉU, XIRÁ

p. 180 - Animais com Y: YNAMBU; Animais com Z: ZANGÃO, ZARAGATEIRO, ZEBRA,

VACA e VAGALUME podem conviver em noites de verão, enquanto uma está na pastagem, e o outro, piscando em lumezinhos aqui e ali. O **WALLABY** se parece bastante com o **CANGURU**, sendo seu nome um festival de letras, como no nome próprio "Wellyngton", por exemplo. Contrariando nosso senso comum, as crianças pequenas acham mais difícil escrever nomes próprios com poucas letras, como "Tom", do que aqueles com muitas e variadas letras. A **ZEBRA** se parece com um **JEGUE** que recebeu listras, que mais parecem que foram pintadas no dorso dela. O **ZANGÃO**, com sua bravura no reino das **ABELHAS**, encerra nosso alfabeto com nomes de animais do mundo todo. ■

Páginas 181, 182, 183 e 184

162

É ainda um grande desafio para as crianças de 5 anos a 5 anos e 11 meses de idade cortar as formas geométricas disponíveis nessas páginas. Para essa atividade, elas vão precisar de seu auxílio, professor ou professora. Ao mesmo tempo, precisam ganhar autonomia no uso de tesouras de pontas arredondadas. Para isso, vocês poderão recortar formas em folhas de papel-espelho de diversas cores e, com as crianças, montar as colagens em uma cartolina.

Algumas das formas aqui disponíveis, como os semicírculos amarelos, são bem pequenininhas, portanto é indicado acompanhar as crianças na etapa de recorte. Antes de colar as formas recortadas na página 66, as crianças poderão movimentá-las de modo a aproximar suas construções às dos modelos de foguete e locomotiva propostos na página. Só, então, passar cola nas peças recortadas e colar uma a uma. ∎

Páginas **185**, **186**, **187** e **188**

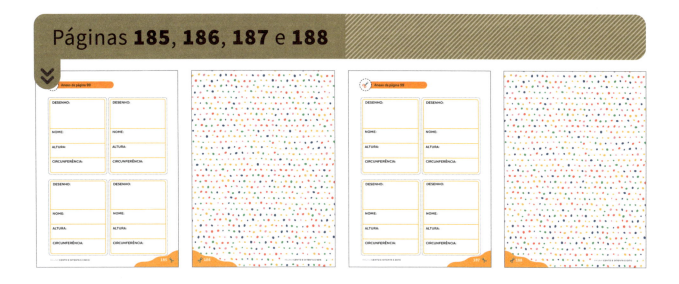

As cartas para o jogo **SuperCartas Árvores do Brasil**, que começa na página 94, têm uma superfície maior de modo a favorecer a competência das crianças para recortá-las por conta própria. Além disso, mais cartas encontram-se disponíveis para impressão e recorte no Material do Professor Digital. As crianças poderão também desenhar as cartas em outra folha de papel, conforme o modelo apresentado, para recortá-las, escrevendo, em seguida, os dados sobre as árvores que estão nas cartas de acordo com suas concepções sobre a escrita. ∎

163

Páginas 189 e 190

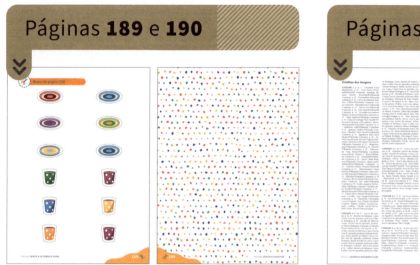

Páginas 191 e 192

Os copos e pratos dessa página foram compostos em escala, de modo a caber na mesa da página 134. Por esse motivo, são pequenos, oferecendo certa dificuldade de recorte para as crianças pequenas, que necessitarão de seu auxílio nessa atividade. A distribuição dos pequenos objetos recortados na mesa caberá a cada uma das crianças, assim como a atividade de passar colar e colar no lugar escolhido por elas. Copos, pratos, imagens de frutas e outros alimentos e bebidas podem também ser recortados de revistas e colados em mesas desenhadas pelas próprias crianças, em outra folha de papel. A problematização de escalas, ou tamanhos relativos, é sempre interessante e desafiante para as crianças pequenas de 5 anos a 5 anos e 11 meses. O tema é mencionado neste volume em várias propostas, como na observação da altura das crianças, na história de Alice, na altura das torres, entre outras. ■

Créditos das imagens

Os créditos das imagens da área de miniatura podem ser consultados nas páginas 191 e 192 do Livro do Estudante. Os créditos das imagens específicas deste volume do Livro do Professor, utilizadas fora da área de miniatura, foram posicionados ao lado de cada imagem no decorrer das unidades.

BIBLIOGRAFIA CONSULTADA

ALBERS, J. *A interação da cor*. Tradução de Jefferson Luiz Camargo. São Paulo: Martins Fontes, 2009.
A leitura deste livro produz um prazer pessoal ilimitado e expande o modo como as cores são usadas e percebidas na arte, na tecelagem e na produção da mídia impressa.

ALVES, R. Cada um corre do jeito que pode. *Folha de S.Paulo*, 6 set. 2011. Disponível em: <bit.ly/3laWtNs>. Acesso em 2 out. 2020.
Alice, o pássaro Dodô e outros bichos pensam em uma corrida para se manterem secos, cada um em sua diferença, em um caminho feito de círculos. Quem ganha?

ANTUNES, A. *As coisas*. São Paulo: Iluminuras, 1992.
O poeta e cancionista Arnaldo Antunes apresenta à sua filha Rosa — que ilustra o livro, como são as coisas — o mar, os avós, a ponte, o tempo, o elefante, o sol, o céu e a água.

BANDEIRA, J. *A viagem ao Brasil de Marianne North*: 1872-1873. Rio de Janeiro: Sextante, 2012.
Nenhum dos artistas viajantes do século XIX foi capaz de retratar a paisagem e a flora brasileiras com a intensidade e o colorido dos óleos da pintora inglesa Marianne North.

BKOUCHE, R. Enseigner la géometrie, pourquoi? In: BKOUCHE, R.; CHARLOT, B.; ROUCHE, N. *Faire des mathématiques: le plaisir du sens*. Paris: Armand Colin, 1991.
Para ter autonomia na construção de um saber matemático, é preciso adquirir na escola os princípios da geometria e a compreensão de outros objetos matemáticos.

BRASIL. *Base Nacional Comum Curricular*. Brasília: MEC, 2018. Disponível em: <bit.ly/2GcLGU2>. Acesso em: 22 ago. 2020.
"Brincar" e "interagir" são os eixos curriculares da BNCC, importante documento nacional, que em grande medida norteiam as propostas da coleção *Brincar com a criança*.

BRASIL. Ministério da Educação. Secretaria de Alfabetização. PNA *Política Nacional de Alfabetização/Secretaria de Alfabetização*. Brasília: MEC; SEALF, 2019. Disponível em: <bit.ly/3imhXVv>. Acesso em: 22 ago. 2020.
Em outros países supõe-se que políticas públicas de alfabetização com base em evidências científicas, que são adaptadas no Brasil, melhoraram os indicadores não só de leitura e escrita, mas também de matemática.

BRASIL. *Programa de Formação de Professores Alfabetizadores*. Coletânea de Textos, módulo 2. Ministério da Educação, 2001. Disponível em: <bit.ly/30ljDsd>. Acesso em 20 ago. 2020.
Textos para propiciar aos alunos a chance de serem curiosos, criativos, leitores, escritores; e que vejam na proposta bons motivos para desejar cada vez mais aprender, com certezas.

BROITMAN, C. *Enseñanza de la Matemática en nivel inicial*: problemas numéricos para salas de 4 y 5 años en torno al calendario. Buenos Aires: Dirección Provincial de Educación Inicial, 2007. Disponível em: <bit.ly/33l1mwfS>. Acesso em: 28 ago. 2020.
Um problema didático para aprofundar: como gerar as melhores condições possíveis para que a maior parte das crianças se apropriem de novos conhecimentos?

BROUGÈRE, G. *Brinquedo e cultura*. São Paulo: Cortez, 2010.
O livro trata da brincadeira humana que supõe contexto social e cultural. Nela a criança aprende a compreender a realidade por mutações de sentido: as coisas tornam-se outras.

BROUSSEAU, G. Etudes de questions d'enseignement. Un exemple: la géométrie. In: SÉMINAIRE DE DIDACTIQUE DES MATHÉMATIQUES ET DE L'INFORMATIQUE, 1983, Grenoble. *Annales* [...]. Grenoble: LSD IMAG; Université Joseph Fourier, 1983.
No âmbito do seminário de didática das matemáticas e da informática, a geometria entra como um exemplo de estudo em questões de ensino e aprendizagem significativas.

BROUSSEAU, G. *Introdução ao Estudo das Situações Didáticas*: conteúdos e métodos de ensino. São Paulo: Ática, 2008.
A Didática da Matemática é a arte de conceber e conduzir condições que possam determinar a aprendizagem de um conhecimento matemático por parte da criança.

CASTEDO, M. ¿Dónde dice, qué dice, cómo dice...? In: CASTEDO, M.; MOLINARI, C.; SIRO, A. *Enseñar y aprender a leer*. Buenos Aires: Novedades Educativas, 1999.
Ler por si mesmo é poder coordenar o que se acredita que pode estar escrito com os índices que se tornam observáveis na escritura, neste caso, receitas.

CASTEDO, M.; CUTER, M. E. (Coords.). *Diseño curricular de educación primaria*: Prácticas del Lenguaje, primer ciclo. La Plata: Provincia de Buenos Aires: Dirección General de Cultura y Educación de la Provincia de Buenos Aires, 2007.
Currículo atualizado para o trabalho e para as decisões do ensino, com material desenvolvido junto com docentes e que pode ser útil para as práticas escolares, sem ser prescritivo.

CASTEDO, M.; MOLINARI, C. Leer y escribir por proyectos. *Revista da Editora Projeto*. Porto Alegre, n. 4, p. 18, 2001.
Projetos são uma forma de organização de situações didáticas. Na aula, o docente organiza as situações com o propósito explícito e intencional de comunicar conteúdos aos alunos.

CAVERNA dos sonhos esquecidos. Direção: Werner Herzog. Produção: Erik Nelson e Adrienne Ciuffo. Alemanha, 2010. (90 min.). Disponível em: <bit.ly/30l8HLk>. Acesso em: 3 set. 2020.
Em imagens 3D, uma visita fiel à caverna de Chauvet, em Ardèche, na França. Desde 2015 os visitantes têm acesso a uma réplica da caverna, com um museu da pré-história.

CHAMBERS, A. *Conversaciones*: escritos sobre la lectura. México: FCE, 2008.
Aidan Chambers nos mostra como a conversa literária — falar sobre o que pensamos e sentimos enquanto lemos — está no coração de todo o ensino da literatura para crianças.

CIPPITELLI, A.; DUBOVIK, A. *Construção e construtividade*: materiais naturais e artificiais nos jogos de construção. São Paulo: Phorte Editora, 2018.
Os propósitos que os espaços de construção têm para oferecer às crianças, considerando-os como linguagem de expressão e de comunicação.

DEWEY, J. *Arte como experiência*. Organização de Jo Ann Boydston. Tradução de Vera Ribeiro. São Paulo: Martins Fontes, 2010.
O que em arte se cria é o ritmo — "variação ordeira das mudanças" —, conforme palestras do autor proferidas em 1931 em que compreendemos como se dá uma experiência estética.

FERREIRO, E. A potência das diferenças. Entrevista concedida a Camila Ploenne. *Revista Educação*, São Paulo, 2 jul. 2013. Disponível em: < bit.ly/3ic4UGg>. Acesso em: 30 set. 2020.
Como as crianças estão construindo indicadores de confiabilidade na internet encontrando maneiras próprias de identificar a seriedade do que acessam na rede.

FRANZ, M-L. V. *Alquimia*: introdução ao simbolismo e à psicologia. Tradução de Marta Guastavino. São Paulo: Cultrix, 1999.
Marie Louise Von Franz foi uma grande intérprete de virtualidades contidas na obra de Jung, aplicando-as à sua experiência analítica e aos contos de fada, entre outros atos.

FUNDAÇÃO MUSEU DO HOMEM AMERICANO. Site. Disponível em: <http://fumdham.org.br/>. Acesso em: 3 set. 2020.
Em São Raimundo Nonato, PI, a Fundação foi criada para preservar o patrimônio cultural e natural do Parque Nacional Serra da Capivara, como as pinturas rupestres.

GARRALÓN, A. O livro informativo. *Emília*, 29 jun. 2012. Disponível em: <bit.ly/2Sf9IjM> Acesso em: 11 set. 2020.
O que é um texto de informação e como usar todos os elementos que aparecem em um livro (recursos visuais, índices, glossários, foco do tema, estrutura geral) para ler bem.

GOODMAN, K. *Introdução à linguagem integral*. Porto Alegre: Artes Médicas, 1997.
Estratégias e esquemas especiais que o leitor desenvolve ao enfrentar diversos tipos de textos; propósitos, linguagens e ortografias, para compreendê-los e apreciá-los.

GRUBER, J. G. (Org.). *O livro das árvores*. Benjamim Constant: Organização Geral dos Professores Ticuna Bilingues, 1997.
Jussara Gomes Gruber produziu com autores e professores Ticuna as pinturas e os textos que compõem o livro. Bela referência para se conhecer a fauna e a flora na Amazônia.

GRUNFELD, D. La intervención docente en el trabajo con el nombre propio. Una indagación en jardines de infantes de la Ciudad de Buenos Aires. *Lectura y Vida*, La Plata, jan. 2004.

Disponível em: <bit.ly/3cKsA3h>. Acesso em: 19 ago. 2020.
GUIMARÃES ROSA, J. *No Urubuquaquá, no Pinhém*. Rio de Janeiro: Nova Fronteira, 2016.
Diferentes tipos de propostas que contemplam diversos níveis de complexidade, como intervenções que tendem a propiciar a confiança das crianças na própria escrita.

INOUE, A.; AMADO, C (Coords.). *Situações didáticas na alfabetização inicial*. Salvador: Instituto Chapada de Educação e Pesquisa, 2019. Disponível em: <bit.ly/2Gl3Z9p>. Acesso em: 12 set. 2020.
A alfabetização compreendida como o ingresso nas culturas do escrito, isto é, um conjunto de práticas sociais de leitura e de escrita definidas historicamente.

INSTITUTO SOCIOAMBIENTAL. Ticuna. *Povos Indígenas no Brasil*, 2014. Site. Disponível em: <bit.ly/34eYWPN>. Acesso em: 3 set. 2020.
Segundo os registros da tradição oral, foi *Yo´i, um dos principais heróis culturais, que pescou os primeiros Ticuna das águas vermelhas do igarapé Eware*, existente de fato.

ITZCOVICH, H. (Org.). *La Matemática escolar*: Las prácticas de enseñanza en el aula. Buenos Aires: Aique, 2008.
Aborda características e sentidos do trabalho matemático, os números naturais e as estruturas do nosso sistema de numeração em práticas de ensino, entre outros temas.

KAUFMAN, A. M. *et al. Alfabetização de crianças – construção e intercâmbio*: experiências pedagógicas na educação infantil e no ensino fundamental. Porto Alegre: Artmed, 1998.
O papel do professor como orientador em sala de aula, reflexões sobre recursos didáticos para auxiliar novas práticas de leitura e escrita na sala de aula.

KISHIMOTO, T. M. Brinquedos e brincadeiras na educação infantil. In: SEMINÁRIO NACIONAL CURRÍCULO EM MOVIMENTO: PERSPECTIVAS ATUAIS. 1., 2010, Belo Horizonte. *Anais* [...]. Belo Horizonte, MG. Disponível em: <bit.ly/3kYOuCY>. Acesso em: 23 ago. 2020.
Ao brincar, a criança explora o mundo dos objetos, das pessoas, da natureza e da cultura para compreendê-lo e expressá-lo por meio de variadas linguagens.

KLYSIS, A.; CAIUBY, R.; FIGUEIREDO, V. C. Construções lúdicas. *Revista Avisa Lá*. São Paulo, 12 jan. 2004. Disponível em: <bit.ly/36jYt1z>. Acesso em: 20 ago. 2020.
Projeto que envolve planejamento e confecção de novos objetos a partir de materiais de sucata, favorecendo o resgate do brinquedo artesanal no contexto da brincadeira infantil.

LEONTIEV, A. N. Os princípios da brincadeira pré-escolar. In: VYGOTSKY, L. S.; LURIA, A. R.; LEONTIEV, A. N. *Linguagem, desenvolvimento e aprendizagem*. São Paulo: Ícone, 1994.
A atividade principal da criança é a brincadeira, caracterizada por uma estrutura cuja motivação está no próprio processo de transição da criança para estágios mais avançados de seu desenvolvimento.

LERNER, D. ¿Tener éxito o comprender? Una tensión constante en la enseñanza y el aprendizaje del sistema de

numeración. *Revista Enseñar Matemática*, Buenos Aires, n. 1, p. 61, 2007.
Complexidade e provisoriedade são inevitáveis. O trabalho didático considera tanto a natureza do sistema de numeração quanto o processo de construção de conhecimento.

LERNER, D.; SADOVSKY, P. O sistema de numeração: um problema didático. In: SAIZ, I.; PARRA, C. (Orgs.). *Didática da Matemática*. Porto Alegre: Artmed, 1996. p. 73-155.
Trabalhar com a numeração escrita e só com ela; abordá-la em sua complexidade, do uso à reflexão e da reflexão à busca de regularidade: esses são os percursos didáticos.

LICHTENSTEIN, J. (Org.). *A pintura*: o desenho e a cor. v. 9. São Paulo: Editora 34, 2006.
O que é mais importante na pintura — o desenho ou a cor? No séc. XX, a pintura em gestos cria formas que, antes da composição de cores vizinhas, não existiam.

MACEDO, L. *Aprender com jogos e situações-problema*. Porto Alegre: Artmed, 2000.
No jogo podem-se encontrar respostas, ainda que provisórias, para perguntas que não se sabe responder. O conhecimento como um jogo pode fazer sentido para a criança.

MACEDO, L. *Ensaios Pedagógicos*: como construir uma escola para todos? Porto Alegre: Artmed, 2005. p. 121.
"Se os objetos precisam de um lugar para estar, as ações precisam de um tempo para se realizar. As ações têm duas categorias temporais fundamentais: duração e sequência."

MACEDO, L. Lino de Macedo: memórias duradouras Entrevista concedida a Fabrício Marques. *Revista Fapesp*, São Paulo, fev. 2009. Disponível em: <bit.ly/2Gl6xnY>. Acesso em: 12 set. 2020.
"Quando nasce uma criança é o mundo que recomeça." Como a criança experimenta, concebe, pouco a pouco, e estrutura noções sobre tempo, distância e velocidade?

MEEK, M. *En torno a la cultura escrita*. México: FCE, 2004.
Sentir-se em casa em uma sociedade com cultura escrita é tanto um sentimento como um fato. Mas como adultos e crianças diversos compreendem a leitura e a escrita?

MIRALLES, F. La magia de conversar. *El País*, Espanha, 7 ago. 2015. Disponível em: <bit.ly/3mYTwRF>. Acesso em: 19 ago. 2020.
Em lugar de só responder mensagens, se dedicarmos o tempo em compartilhar nosso universo com pessoas que podem enriquecê-lo, a vida será mais inteligente e serena.

MOLINARI, C. Situações de escrita para saber mais sobre um tema em momentos da alfabetização inicial. *In*: ESPINOZA, A. M. *et al.*. 30 *Olhares sobre o futuro*. São Paulo: Escola da Vila, 2010.
Organização do tempo didático em torno a quatro situações: as crianças escutam o professor ler, leem por si mesmas, ditam texto ao docente e escrevem por si mesmas.

MONTEIRO, P. As crianças e o conhecimento matemático: experiências de exploração e ampliação de conceitos e relações matemáticas. In: SEMINÁRIO NACIONAL CURRÍCULO EM MOVIMENTO: PERSPECTIVAS ATUAIS. 1., 2010. *Anais* [...]. Belo Horizonte: MEC/SEB, 2010. Disponível em: <bit.ly/34gTegm>. Acesso em: 24 ago. 2020.
Como organizar experiências extraescolares com os conhecimentos matemáticos em situações escolares que ampliam e sistematizam os conhecimentos iniciais das crianças.

MORAIS, A. G. de. *Consciência fonológica na educação infantil e no ciclo de alfabetização*. Belo Horizonte: Autêntica, 2019.
Em situações lúdicas de ensino, os aprendizes são motivados a "olhar para o interior das palavras" e, assim, descobrir o mistério que está por trás de escrever com o alfabeto.

MORAIS, A. G.; SILVA, A. Consciência fonológica na Educação infantil: desenvolvimento de habilidades metalinguísticas e a aprendizado da escrita alfabética. In: BRANDÃO, A. C. P.; ROSA, E. C. S. (Orgs.). *Ler e escrever na educação infantil*. Belo Horizonte: Autêntica, 2010.
Uma coletânea de artigos sobre o planejamento de práticas significativas que integram o letramento e a alfabetização concebidas e realizadas para menores de seis anos.

MORAIS, J. *A arte de ler*. São Paulo: Editora Unesp, 1996.
Estudo dos diferentes métodos de alfabetização que consideram as estruturas mentais envolvidas na leitura oferece possibilidades terapêuticas aos que ainda não leem.

NALINI, D. *O que fazer com os desenhos das crianças? Conversando sobre as produções infantis e a relação com a apreciação*. (No prelo.)
Introduzindo arte contemporânea no trabalho com crianças pequenas, Denise Nalini inovou e deu fundamentos na área, com forte legado para formação de professores.

NEMIROVSKY, M. Ler não é o inverso de escrever. In: TEBEROSKY, A.; TOLCHINSKY, L. *Além da alfabetização*: a aprendizagem fonológica, ortográfica, textual e matemática. São Paulo: Ática, 1996.
Diferentes posições enunciativas e condições das situações didáticas determinam a diversidade no modo da criança realizar a produção e a interpretação de notações.

PATTE, G. *Deixem que leiam*. Rio de Janeiro: Rocco, 2012.
A promoção da leitura, os efeitos dela e também os novos caminhos que são exigidos para os profissionais comprometidos com a cultura e a educação diante das novas tecnologias.

PEDAGÓGICO COM FOCO NA APRENDIZAGEM, 2., 2010. São Paulo. *Anais* [...]. São Paulo: FDE, 2010.
O desafio do programa "Ler e Escrever": garantir a aprendizagem da leitura e da escrita nas séries iniciais, unindo formação de professores, material didático e currículo.

PIAGET, J. *A formação do símbolo na criança*: imitação, jogo, sonho, imagem e representação. Rio de Janeiro: Zahar, 1971.
A possibilidade de representar — colocar algo em lugar de outra coisa — tem sua origem em sonhos, no jogo e na brincadeira, a partir de imagens interiorizadas pela imitação.

PIAGET, P.; INHELDER, B. E. *A representação do espaço na criança*. Porto Alegre: Artmed, 1993.
"Acima" e "abaixo", "lateralidade", "dentro" e "fora" são noções espaciais construídas pela criança em ações e tomadas de consciência em contínuas interações e aperfeiçoamentos.

QUAL é a origem do bingo? *Superinteressante*, São Paulo, 4 jul. 2015. Disponível em: <bit.ly/30lphup>. Acesso em: 30 set. 2020.
No final da Idade Média, na cidade de Gênova, Itália, havia o costume de substituir os membros dos conselhos políticos locais por meio de sorteios com bolas numeradas.

QUARANTA, M. E.; MORENO, B. R. El trabajo con los números escritos en el nivel inicial. In: MALAJOVICH, A.; CANOSA, M. (Coords.). *Orientaciones didácticas para el nivel inicial*: 4ª parte. La Plata: Dirección General de Cultura y Educación de la Provincia de Buenos Aires, 2005. p. 47.
A representação aritmética das transformações que as quantidades sofrem não surge da representação destas, mas supõe ação mental e aprendizagem de signos aritméticos.

QUARANTA, M. E.; MORENO, B. R. *La enseñanza de la Geometría en el jardín de infantes*. La Plata: Dirección General de Cultura y Educación de la Provincia de Buenos Aires, 2009.
Trabalho didático em gerar progresso nas relações estabelecidas entre alunos, espaço e objetos, para construção de conhecimentos e saberes geométricos.

RINALDI, C. A pedagogia da escuta: a perspectiva da escuta em Reggio Emilia. In: EDWARDS, C.; GANDINI, L.; FORMAN, G. (Org.). *As cem linguagens da criança*: a experiência de Reggio Emilia em transformação. Porto Alegre: Penso, 2016.
O desenvolvimento intelectual através da focalização sistemática na representação simbólica leva crianças à criatividade e a um nível surpreendente de outras habilidades.

SCARPA, R. L. P. *O conhecimento de pré-escolares sobre a escrita*: impactos de propostas didáticas diferentes em regiões vulneráveis. 2014. Tese (Doutorado em Educação) – Faculdade de Educação, Universidade de São Paulo, São Paulo, 2014. Disponível em: <bit.ly/3cIE5Z2>. Acesso em: 29 ago. 2020.
A pesquisa fornece elementos para compreender e caracterizar propostas didáticas de leitura e escrita na Educação Infantil e para contribuir com novas perspectivas na área.

SILVA JR., H.; BENTO, M. A. S.; CARVALHO, S. P. (Coord.). *Educação infantil e práticas promotoras de igualdade racial*. São Paulo: CEERT; Instituto Avisa Lá, 2012.
Situações reais com foco no cotidiano de creches e pré-escolas representam e tornam realidade as diretrizes e as leis que abordam a questão da igualdade racial.

SMITH, F. *Leitura significativa*. Tradução de Beatriz Afonso Neves. Porto Alegre: Artes Médicas, 1999.
O que fará diferença nas escolas não virá com melhores teorias, materiais, ou professores bem informados, mas assumindo uma atitude em direção à mudança.

SOARES, M. A alfabetização e o letramento no Brasil, segundo Magda Soares. *Desafios da Educação*, 22 ago. 2019. Disponível em: <bit.ly/33gMjEX>. Acesso em: 29 ago. 2020.
A alfabetização se desenvolve em contexto de letramento, que dá sentido ao aprender a ler e escrever. Portanto, ser alfabetizado supõe ter também algum nível de letramento.

STAREPRAVO, A. R. *Jogando com a Matemática*: números e operações. Curitiba: Aymará, 2009.
Aspectos teóricos e práticos que fundamentam o trabalho com jogos em questão no encaminhamento das aulas, geram um diálogo permanente entre teoria e prática.

TATIT, A.; LOUREIRO, M. *Festas e danças brasileiras*. São Paulo: Melhoramentos, 2016.
A alegria de nossas festas populares abre ouvidos e coração para uma riqueza musical tão exuberante e variada quanto a beleza e diversidade de nossas riquezas naturais.

TEBEROSKY, A.; CARDOSO, B. *Reflexões sobre o ensino da leitura e da escrita*. Campinas: Editora Unicamp, 1990.
A reflexão conjunta sobre o registro das atividades cotidianas permite compreender melhor as bases do trabalho e a avaliação do processo das crianças.

VERNON, S. El constructivismo y otros enfoques didácticos in aprender y enseñar la lengua escrita en el aula. In: PELLICER, A.; VERNON, S. (Coord.). *Aprender y enseñar la lengua escrita en el aula*. México: SM Ediciones, 2004. p. 197-226.
Em investigação psicogenética para pensar situações de ensino, a autora coloca à prova hipóteses sobre a consciência fonológica na transição para a fonetização da escrita.

VERNON, S. *La relación entre la consciencia fonológica y los niveles de conceptualización de la escritura*. 1997. Tese – Departamento de Investigaciones Educativas. Ciudad de México: CINVESTAV, 1997.
Investigando o processo de apropriação da escrita alfabética, a pesquisadora demonstra como a notação escrita favorece a tomada de consciência sobre segmentos orais.

VERNON, S. Letras y sonidos en la alfabetización inicial. In: CONSEJO NACIONAL DE CIENCIA Y TECNOLOGIA. *Cuaderno de Trabajo Sistema de Investigación Miguel Hidalgo*. México: Conacyt, 1999.
Aprender a escutar, aprender a falar. Sofia Vernon investiga relações entre a língua que se escreve e a língua que se fala, no início do processo de alfabetização e letramento.

WOLMAN, S. La enseñanza de los números en el nivel inicial y en el primer año de la EGB. In: KAUFMAN, A. M. (Org.). *Letras y números*: alternativas didácticas para jardín de infantes y primer ciclo de la EGB. Buenos Aires: Santillana, 2000.
A resolução de problemas é o ponto de partida para uma noção matemática que se constrói e desenvolve a partir da pesquisa, da elaboração de hipóteses e da partilha.